— 中国孩子的汉字启蒙书 —

汉字!汉字!
汉字原来如此
有故事的字
小豆丫 编绘

华夏出版社
HUAXIA PUBLISHING HOUSE

图书在版编目（CIP）数据

汉字！汉字！汉字原来如此.有故事的字/小豆丫编绘. --北京：华夏出版社，2018.7
ISBN 978-7-5080-9452-6

Ⅰ．①汉… Ⅱ．①小… Ⅲ．①汉字－少儿读物 Ⅳ．①H12-49

中国版本图书馆 CIP 数据核字（2018）第057452号

汉字！汉字！汉字原来如此：有故事的字

编　　绘	小豆丫
策划编辑	杨小英
责任编辑	杨小英
责任印制	顾瑞清

出版发行	华夏出版社
经　　销	新华书店
印　　装	三河市万龙印装有限公司
版　　次	2018年7月北京第1版　　2018年7月北京第1次印刷
开　　本	720×1030　　1/16开
印　　张	10
字　　数	100千字
定　　价	36.00元

华夏出版社 网址:www.hxph.com.cn　　地址：北京市东直门外香河园北里4号　邮编：100028
若发现本版图书有印装质量问题，请与我社营销中心联系调换。电话：（010）64663331（转）

前　言
每个孩子都应该有一本汉字书

1

古人说："物有本末，事有终始，知所先后，则近道矣。"世间的诸多学问，没有人是生而知之的，从小小的孩童到大大的学问家，从无知的懵懂到清楚的洞达，都需要一步步地从头学习。要学习，就不得不认识字，识字是孩子们成长中最可贵的技能。

2

汉字虽然是象形文字，但是在演变过程中，却渐渐失去了原来的形状，看起来不那么象形了。因此孩子学起来会有难度，也不容易提起兴趣。为了方便孩子们的学习，《汉字！汉字！汉字原来如此》将汉字的演变作了梳理，从汉字最初的形象入手，让孩子们看到形状就能认得汉字。

3

《汉字！汉字！汉字原来如此》共收入375个汉字，根据"六书"原理（象形、指事、会意、形声、转注、假借），同时根据现代汉字结构规律，分为五册。选取了该字的甲骨文、金文、小篆、楷书，揭示汉字的诞生、演化过程；同时选取了经典的汉字故事，包含历史故事、神话传说、文化习俗，最后是汉字密码。书中的每一个汉字都是一幅美丽的画，都有一个动人的故事。

4

《汉字！汉字！汉字原来如此》是这样一本书：

第一，必学。375个汉字，都是义务教育阶段孩子必须掌握的汉字。

第二，形象。配以甲骨文字字形的精美插图，以及该字的演变图，孩子只需用擅长的形象思维来学习汉字即可，不容易失去学习的兴趣。

第三，有趣。并非枯燥的文字讲解，汉字知识与趣味故事完美结合，让孩子了解汉字文化，掌握汉字精髓！

第四，深入。因为展现了汉字演变的过程，同时以通俗的语言解释了其意义的变化，因此，孩子能更深入地理解每个汉字的意义。

第五，权威。以《汉语大字典》《古文字诂林》《甲骨文编》《甲骨文字典》《甲骨文字诂林》《金文编》《金文大字典》《说文解字》等为参考资料，选编字形。

汉字生生不息，中华文明薪火相传。每一个汉字的演变，都有一个故事、一种情怀。让孩子们看懂中国字，读懂中国心，体会汉字的温度，领略真正的汉字之美，让孩子学会用温暖的心去阅读，学会感受中国的汉字文化，并为之自豪。让孩子们都做堂堂正正的中国人！

需要说明的是：书中所选取的历史故事、寓言、神话故事等因为中国地域广阔、民族众多，再加上口耳相传的方式，使这些故事的面貌呈现多样化，流传下来的版本略有不同或相去甚远，同一神话形象在不同的版本中也有不同的故事和身份。所以，在整理编排的时候，我们查阅了大量的古籍资料，以最原始版本为底本，辅以重要参考文献，选取最真实、经典的版本。当然，即使这样，书中难免也存在不妥之处，敬请广大读者批评指正。

目录

◎ 半 · · · · · · · · 2
◎ 分 · · · · · · · · 4
◎ 共 · · · · · · · · 6
◎ 占 · · · · · · · · 8
◎ 比 · · · · · · · · 10
◎ 先 · · · · · · · · 12

◎ 出 · · · · · · · · 14
◎ 步 · · · · · · · · 16
◎ 涉 · · · · · · · · 18
◎ 品 · · · · · · · · 20
◎ 旨 · · · · · · · · 22

◎ 鲜 · · · · · · · · 24
◎ 炙 · · · · · · · · 26
◎ 炎 · · · · · · · · 28
◎ 拜 · · · · · · · · 30
◎ 宿 · · · · · · · · 32
◎ 赤 · · · · · · · · 34

1

◎浴・・・・・・・36
◎焦・・・・・・・38
◎明・・・・・・・40
◎雪・・・・・・・42
◎晨・・・・・・・44
◎朝・・・・・・・46
◎昼・・・・・・・48

◎春・・・・・・・50
◎昏・・・・・・・52
◎夜・・・・・・・54
◎暴・・・・・・・56
◎晶・・・・・・・58
◎香・・・・・・・60

◎秉・・・・・・・62
◎苗・・・・・・・64
◎林・・・・・・・66
◎森・・・・・・・68
◎封・・・・・・・70
◎休・・・・・・・72

◎ 焚 ········ 74
◎ 霖 ········ 76
◎ 野 ········ 78
◎ 进 ········ 80
◎ 岛 ········ 82
◎ 罗 ········ 84

◎ 双 ········ 86
◎ 集 ········ 88
◎ 噪 ········ 90
◎ 登 ········ 92
◎ 采 ········ 94
◎ 利 ········ 96
◎ 料 ········ 98

◎ 败 ········ 100
◎ 孟 ········ 102
◎ 尽 ········ 104
◎ 承 ········ 106
◎ 印 ········ 108
◎ 闪 ········ 110

◎ 取 ········ 112
◎ 服 ········ 114
◎ 盟 ········ 116
◎ 教 ········ 118
◎ 束 ········ 120
◎ 尘 ········ 122

◎ 臭 ········ 124
◎ 牧 ········ 126
◎ 事 ········ 128
◎ 埋 ········ 130
◎ 扶 ········ 132
◎ 重 ········ 134

◎ 塞 ········ 136
◎ 沙 ········ 138
◎ 灾 ········ 140
◎ 专 ········ 142
◎ 尊 ········ 144
◎ 祝 ········ 146
◎ 典 ········ 148
◎ 宫 ········ 150

有故事的字

1. 半

字里乾坤

bàn

趣话汉字

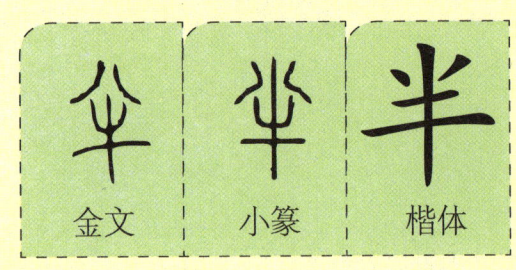

| 金文 | 小篆 | 楷体 |

半，会意字。金文的上部是个"八"字，表示分的意思，下部是个"牛"字，把一条牛分成两部分，这就是"半"。篆文继承金文字形，楷书开始走样，上部的"八"变成了两点，下部的"牛"变成了两横一竖，也就是我们今天看到的字形。

汉字故事

半途而废 (bàn tú ér fèi)

东汉时，河南郡有一位贤惠的女子，人们都不知她叫什么名字，只知道是乐羊子的妻子。一天，乐羊子在路上拾到一块金子，回家后把它交给妻子。妻子说："我听说有志向的人不喝盗泉的水，因为它的名字令人厌恶；也不吃别人呼唤着施舍的食物，宁可饿死。更何况拾取别人失去的东西呢，这样会玷污自己的品行。"乐羊子听了妻子的话，非常惭愧，就把那块金子扔到野外，然后到远方去寻师求学。

一年后，乐羊子归来。妻子问他为何回家，乐羊子说："出门时间长了想家，没有其他缘故。"妻子听罢，拿起一把刀走到织布机前说："这机上织的绢帛产自蚕茧，成于织机。一根丝一根丝地积累起来，才有一寸长；一寸寸地积累下去，才有一丈乃至一匹。今天如果我将它割断，就会前功尽弃，从前的时间也就白白浪费掉。"

妻子接着又说："读书也是这样，你积累学问，应该每天获得新的知识，从而使自己的品行日益完美。如果半途而归，和割断织丝有什么区别呢？"乐羊子被妻子的话深深感动，于是又去完成学业，一连七年没有回过家。

知识密码

半坡遗址——

半坡遗址位于陕西省西安市东郊灞桥区浐河东岸，是黄河流域一处典型的原始社会母系氏族公社村落遗址，属新石器时代仰韶文化，距今6000年左右。

2 分

字里乾坤

fēn

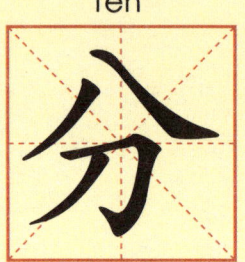

趣话汉字

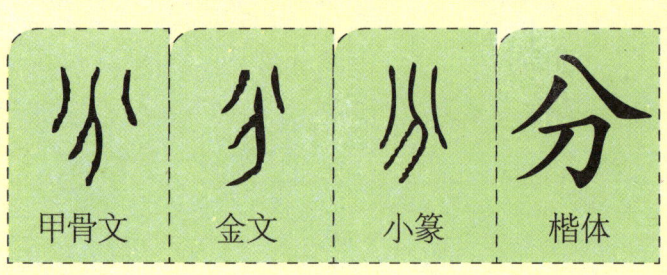

| 甲骨文 | 金文 | 小篆 | 楷体 |

分,会意字。甲骨文的外面是个"八"字,当中是一把"刀",用刀把一个东西割开,这就叫作"分"。金文和篆文都继承甲骨字形,中间的刀形更为形象。到了楷书,则完全变成了上"八"下"刀"的字形了。

汉字故事

sān fēn tiān xià
三分天下

东汉末年，政治腐败，天灾不断，群雄逐鹿中原。

公元200年，曹操在官渡之战中打败袁绍，基本统一了北方。

公元207年，刘备三顾茅庐访诸葛亮于襄阳，诸葛亮对刘备谈了自己的主张：曹操战胜袁绍，拥兵百万，挟持天子以令诸侯。这就不能光凭武力和他争胜负了。孙权占据江东一带，已经三代。江东地势险要，现在百姓归附他，还有一批有才能的人为他效力。看来，也只能和他联合，不能打他的主意。

接着，诸葛亮分析了荆州和益州的形势，提出先取荆州，再取益州成鼎足之势，继而图谋中原，复兴"汉室"，统一天下的战略方针。这就是被广为称颂的《隆中对》。这一对策，开启了三分天下的战略构想。

220年，曹丕篡汉称帝，国号"魏"，史称曹魏。次年刘备为延续汉朝，在成都称帝，史称蜀汉。222年刘备在夷陵之战中失败，孙权获得荆州大部。223年刘备去世，诸葛亮辅佐刘备之子刘禅。229年孙权称帝，国号"吴"，史称东吴。至此天下三分，三国时代正式成立。

知识密码

分封制——

也称分封制度或封建制，即狭义的"封建"，由共主或中央王朝给宗族姻亲、功臣子弟分封领地。古代宗法制是分封制的基础，在家庭范围是为宗法制，在国家范围是为分封制。

3. 共

字里乾坤

gòng

共

趣话汉字

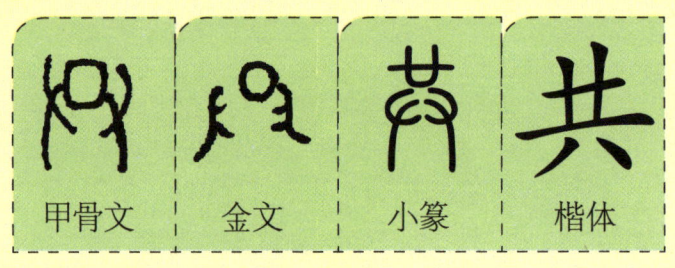

| 甲骨文 | 金文 | 小篆 | 楷体 |

共，会意字。甲骨文字形的中间是一件方口形的物品，左右是两只手，两手捧着一件物品就是"共"。金文继承甲骨字形，篆文有些变形，中间的物品不再是方口形。最后，到了楷书，下面的手形完全消失，简化成了一横加两点。

汉字故事

同舟共济
tóng zhōu gòng jì

孙武是我国春秋时期著名军事家，他领兵打仗，战无不胜。曾与伍子胥率吴军破楚，五战五捷，率兵六万打败楚国二十万大军，攻入楚国郢都，北威齐晋，南服越人，显名于诸侯。

一次，有人问他："怎样布阵才能不被敌人击败呢？"孙武说："你如果打蛇的脑袋，它会用尾巴反击你；如果打蛇的尾巴，它又会用头部来袭击你；如果打蛇的腰部，它就会用头尾一齐来攻击你。所以，善于布阵的将才，也要将军队摆成蛇一样的阵势，头尾能互相救援，使全军形成一个整体，前、中、后彼此照应，才不会被敌人击溃、打散……"

那人又产生了疑问，战场上的士兵会不会像蛇一样，首尾互相照应呢？孙武说："战场是生死之地，战争迫使军队必然齐心协力。比如两个仇人，平日恨不得彼此吃了对方。但是他们同乘上一条船渡海，遇到了狂风恶浪，眼看就有葬身海底的危险时，他们就会忘记旧仇，同心协力与风浪搏斗，以避免船翻人亡的危险。连仇人在危险之时尚能同舟共济，何况没有冤仇、兄弟情深的将士呢？所以军队必然会像蛇一样成为一个整体，首尾相顾，彼此救援的。"

知识密码

"共商国是"与"共商国事"——

"国是"是指国家大事，是指非常重要的事情，而"国事"不必特意指大事。前者专指"国家大事"，是比较具体的指称；而后者仅做书面用语，意为"国家大计"，是比较宽泛、广义的指称。

4 占

字里乾坤

zhàn

趣话汉字

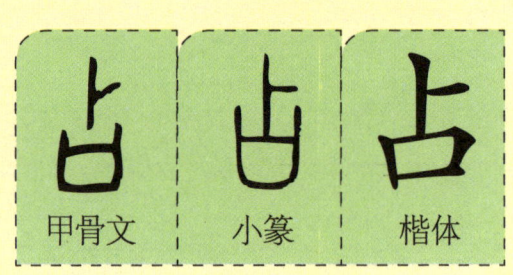

| 甲骨文 | 小篆 | 楷体 |

占，会意字。甲骨文字形的上部是一个"卜"字，下部是一个"口"字，表明卜过了，再用口加以解释，这就叫"占"。之后的篆文和楷书都继承甲骨字形，变化不大，一直沿用至今。

汉字故事

独占鳌头 (dú zhàn áo tóu)

传说在远古时代，居住在东海之滨天台山的羲(xī)和部落具有非常丰富的天文知识，他们最早识别北斗七星，并把离斗柄最远的一颗命名为魁。后来，其后人伯益成为了部落首领，据说曾在扶桑山鳌(áo)头石梦遇魁星，受其点化著了《山海经图》。所以，后来的人就尊魁星为文运功名禄位之神，并在天台山鳌头石后修建魁仙阁。

据此典故，自唐代始，考生在迎榜时都是让头名状元站在鳌头之上，称为"魁星点斗，独占鳌头"，喻占首位或第一名之意。明清时有"金殿传胪"，一般在殿试后两天举行。这一天，皇帝在太和殿召见新科进士，进士们个个身着崭新公服，毕集于金銮殿丹墀下。鼓乐声中，皇帝驾到升坐龙椅，群臣山呼万岁毕，礼部官员捧出钦定的金榜展开，由传胪官按榜依次唱名，即宣布考取进士者的姓名、名次、籍贯。

传唱完毕，传胪官引导一甲三名的状元、榜眼、探花，走到天子座前的阶下迎接殿试榜。其中的状元位置居中，且稍前于榜眼、探花，如三角形的顶角位置，正好站在第一块御道石正中镌刻的巨鳌头部，独个踏站在鳌头之上，可说是威风十足。

知识小密码

占卜——

占卜，意指以小明大、以微见著，以微观与宏观的联系为原理，用龟壳、铜钱、竹签、纸牌等工具或占星等手段来推断未来的吉凶祸福，为咨客分析问题指点迷津。

5. 比

字里乾坤

bǐ

比

趣话汉字

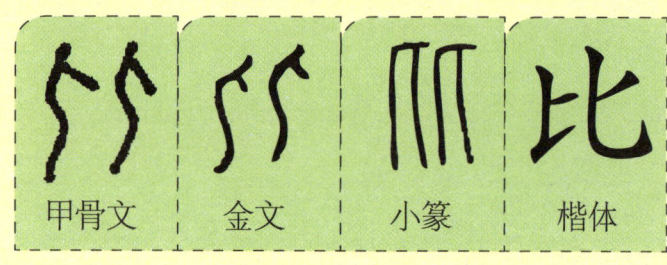

| 甲骨文 | 金文 | 小篆 | 楷体 |

比，会意字。从字形看，甲骨文就像是两个面朝右并排站着的两个人，上部是头，中部是身子，下部弯曲处是腿。也就是说，两个人靠在一起就是"比"。从金文到楷书，"比"都继承甲骨字形，一直是两个人紧靠在一起的形象，逐渐形成我们现在看到的样子。

汉字故事

bǐ jiān jì zhǒng
比肩继踵

晏子出使到楚国。楚国人认为晏子身材矮小,就故意在大门的旁边开了一个小门,请晏子从小门进去。晏子不进去,说:"出使到狗国的人才从狗洞进去,今天我出使到楚国来,不应该从这个门进去。"听完这句话,迎接宾客的人只好带晏子改从大门进去。

晏子拜见楚王。楚王见晏子长得矮小,就借机讽刺说:"齐国难道没有人可派吗?竟然派您做使臣。"

晏子不慌不忙,回答说:"齐国的都城临淄(zī)有七千五百户人家,人们一起张开袖子,天就阴暗下来;一起挥洒汗水,就会汇成大雨;街上行人肩膀靠着肩膀,脚尖碰脚后跟,怎么能说没有人呢?"

楚王听完这段话,变得对他十分敬重。

这就是成语"比肩继踵"的由来,形容人很多,肩挨着肩,脚紧跟着脚,十分拥挤。

知识密码

比翼鸟——

中国古代传说中的鸟名,又名鹣(jiān)鹣、蛮蛮。这种鸟只有一目一翼,雌雄必须并翼飞行。所以,比翼鸟常常用来比喻恩爱夫妻,也比喻情深谊厚、形影不离的朋友。

6 先

字里乾坤

xiān

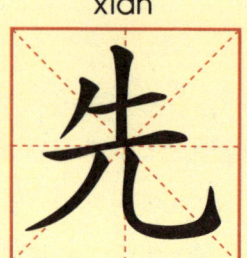

趣话汉字

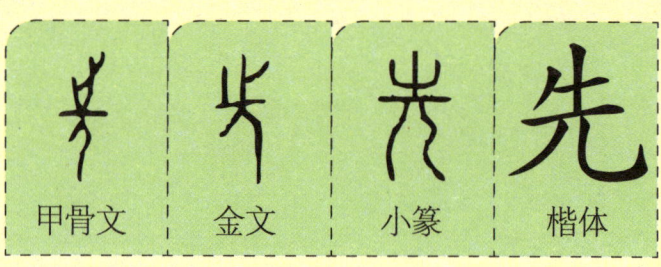

| 甲骨文 | 金文 | 小篆 | 楷体 |

先，会意字。甲骨文下部是一个面朝左的人，人头上长了一只大脚，这就表示走在人前头的意思，也就是"先"。金文继承甲骨字形，篆文变形厉害，人与脚都看不出来。到了楷书，字形开始定型，不过脚在头上的样子已消失了。

汉字故事

先生 (xiān shēng)

"先生"这个称呼由来已久。字面的意思表示出生比自己早,年龄比自己大的人。由此延伸,可以把有一定地位、学识、资格的人称为先生。不过历史上各个时期,"先生"这个称呼是针对不同对象的。《论语·为政》:"有酒食,先生馔(zhuàn)。""先生"一词指的是父兄。意思是有酒肴,就先孝敬父兄。《孟子》:"先生何为出此言也?"这一"先生"是指长辈而有学问的人。《战国策》:"先生坐,何至于此。"此"先生"是称呼有德行的长辈。

在其后很长一段时间里,"先生"主要是称呼老师的,《曲礼》:"从于先生,不越路而与人言。"这里的"先生"就是指"老人教学者"。当然,以前的老师也就是"先生"大部分为男性,渐渐地就变成了对知识分子和有一定身份的成年男子的尊称。

清初,称相国为"老先生",到了乾隆以后,官场中已少用"老先生"这个称呼了。辛亥革命后,"老先生"这个称呼又盛行起来。交际场中,彼此见面,对老成的人,一律称呼为"老先生"。20世纪80年代后,"先生"的用法更为广泛。妇女也将自己以及别人的丈夫称为"先生"。

知识密码

五柳先生陶渊明——

陶渊明,又号"五柳先生",东晋末期伟大的诗人、辞赋家,大约生于365年。他是中国第一位田园诗人,有《陶渊明集》,被称为"千古隐逸之宗"。

7. 出

字里乾坤

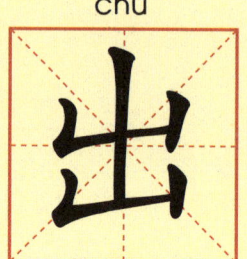

趣话汉字

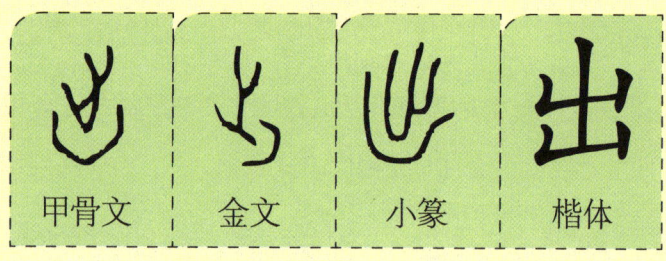

| 甲骨文 | 金文 | 小篆 | 楷体 |

出，会意字。甲骨文字形的下部是一条上弯的曲线，表示这是一个门口或土坑口，上部是一只脚趾朝上的脚，表示一只脚从门口或土坑口走出的样子。也就是说，"出"就是走出来的意思。金文继承甲骨字形，篆文则变化较大，上部的脚像"山"形。到了楷书，字形开始变得美观简洁，沿用至今。

汉字故事

出尔反尔
chū ěr fǎn ěr

战国时，有一年邹国与鲁国发生了战争。邹国吃了败仗，死伤了不少将士。邹穆公很不高兴，问孟子道："在这次战争中，我手下的官吏被杀死了三十三个，可是老百姓却没有一个为他们去拼命的，他们眼看长官被杀，而不去营救，可恨得很。要是杀了这些人吧，杀也杀不完；要是不杀吧，却又十分可恨。您说该怎么办才好呢？"孟子回答说："记得有一年闹灾荒，年老体弱的百姓饿死在山沟荒野之中，壮年人外出逃荒的有千人之多，而大王的粮仓还是满满的，管钱粮的官员并不把这严重的灾情报告给您。他们不关心百姓的疾苦，而且残害百姓。"

孟子接着又说："您记得孔子的弟子曾子说过的话吗？他说，要警惕呀！你怎样对待别人，别人也如何对待你，这就叫出尔反尔。如今百姓有了一个报复的机会，就要用同样的手段来对待那些长官了。"孟子最后告诉邹穆公说："所以，大王不要去责怪他们、惩罚他们。如果实行仁政，您的百姓就会爱护他们的长官，并且愿意为他们献出生命。"

"出尔反尔"原指你怎样对待人家，人家就会怎样对待你。现在多指自己说了或做了后又自己反悔，比喻言行前后自相矛盾，反复无常。

知识密码

出阁——

在古代，阁就是闺房，未出嫁的女子都住在阁楼上。古代女子要遵从三从四德，要大门不出，二门不迈，并不准与外界的男子见面。所以，就把出嫁的女子称为"出阁"，相反未出阁就是未出嫁。

8 步

字里乾坤

趣话汉字

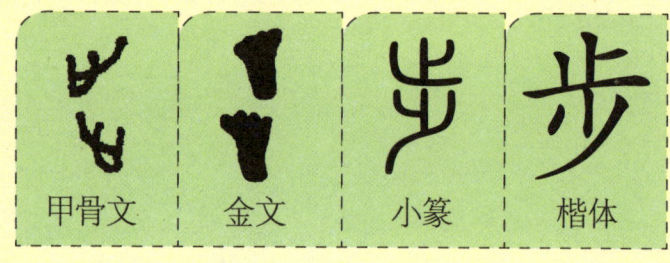

步，会意字。甲骨文的上部是一只脚趾朝上的左脚，下部是一只脚趾朝上的右脚，左右脚向前走动就叫"步"。金文字形是两只脚趾朝上的大黑脚。到了篆文，变成了正反两个"止"，表示前进的左右两只脚。最后，随着演变，就慢慢成为我们今天看到的"步"字。

汉字故事

五十步笑百步
（wǔ shí bù xiào bǎi bù）

战国时期，诸侯国连年混战不断，可苦了各国的老百姓。孟子来到梁国，见到了好战的梁惠王。

梁惠王对孟子说："我对管理国家大事，一向尽心尽力，对百姓的照顾也非常周到，可是为什么我国的人民并没有增多，而邻国的人民也没有减少呢？"孟子说："您是怎么照顾人民的呢？"

梁惠王说："像河内有了灾荒，我就把他们移到河东去；要是河东的收成不好，我也照样办理。放眼看天下，有哪一国的国君像我这样的呢？"孟子笑着说："让我来举一个战争的例子吧！如果一方战败，士兵纷纷逃走，有的逃了五十步，有的逃了一百步，逃了五十步的士兵就笑逃了一百步的士兵贪生怕死，这样的情形，您认为如何呢？"

梁惠王说："那士兵只不过是因为自己跑得慢而落后了五十步罢了。"孟子接着说："同样的道理，您虽然在小地方照顾了百姓，可是您喜欢打仗，而且一打起来，百姓成千上万地死去，这和邻国又有什么两样呢？不也像是五十步笑百步那样的情形吗？"

知识密码

步兵——

步兵，是指徒步行军作战的士兵。在冷兵器时代区别于车兵、骑兵等。随着科技的发展，近现代的步兵也使用马匹、卡车、火车、装甲运兵车、直升机、运输机、舰艇等工具。

9. 涉

字里乾坤

shè

趣话汉字

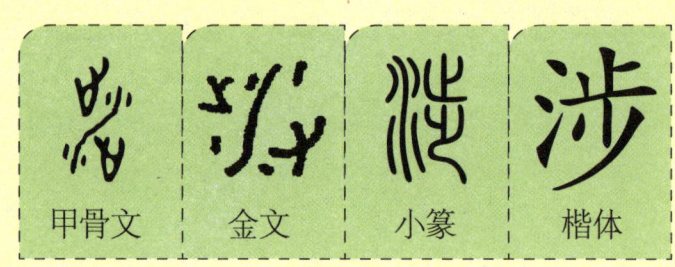

| 甲骨文 | 金文 | 小篆 | 楷体 |

涉，会意字。甲骨文的中间是一条弯弯曲曲的水流，水流的上下两边有左右两只脚，一前一后地趟水而过。所以，趟水而过就是"涉"。金文继承甲骨字形，而篆文则变得复杂起来，左右两边都是水流，中间才是上下两只脚。最后，楷书将水流变成了三点，两只脚写成"步"，字形开始定型了。

汉字故事

荆人涉澭 (jīng rén shè yōng)

春秋时期，楚国人想要偷袭宋国，于是派人事先测量澭水的深浅，还设立了标志。可是不久后，澭水突然上涨了，楚人不知道这个情况，依然按照之前的标志在黑夜里渡河，结果活活淹死了一千多人。楚军惊恐万状，溃不成军，就像都市里的房屋倒塌一样。

原先做好标志的时候，楚国人本来是可以渡水过河的。但是，如今河水暴涨了，水已越涨越高了，楚人不能以变化的眼光看事物，还是按着原来的标志过河，怎能不淹死呢？这就是他们最终失败的原因啊。

所以，事情的情况要是发生了变化，你如果墨守成规，固执己见，不知变通，不懂得根据客观实际采取灵活对策，找到解决问题的手段、方法，随之改变，是必定会失败的。

知识密码

陈涉——

秦朝末年农民起义的领袖之一，与吴广一同在大泽乡率众起兵，成为反秦义军的先驱，不久在陈郡称王，建立张楚政权，后被秦将章邯 (hán) 所败，遭车夫刺杀而死，死后被辗转埋葬在芒砀 (dàng) 山。

10. 品

字里乾坤

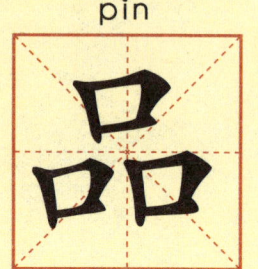

趣话汉字

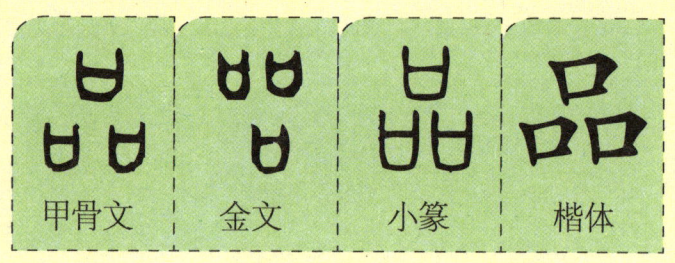

| 甲骨文 | 金文 | 小篆 | 楷体 |

品，会意字。甲骨文像是三个"口"，是器物的形状。三个"口"，是指代器物众多。金文继承甲骨字形，篆文继承金文字形，一脉相承，沿用至今。"品"就是众多的意思，还可以引申为品种、等级、品评的意思。

汉字故事

陆羽煎茶，积公品茶

唐朝的代宗皇帝李豫是一个非常喜欢品茶的人，宫中因此常常有一些善于品茶的人供职。有一次，竟陵积公和尚被召到宫中。宫中煎茶能手用上等茶叶煎出一碗茶，请积公品尝。积公饮了一口，便再也不尝第二口了。皇帝问他为何不饮，积公说："我所饮之茶，都是弟子陆羽为我煎的。饮过他煎的茶后，旁人煎的茶就觉得淡而无味了。"

皇帝听罢，记在心里，事后便派人四处寻找陆羽，终于在吴兴县苕溪的天杼山上找到了他，并把他召到宫中。皇帝见陆羽其貌不扬，说话有点结巴，但言谈中看得出他学识渊博，出言不凡，很是高兴，当即命他煎茶。陆羽立即将带来的清明前采制的紫笋茶精心煎好，献给皇帝品尝，果然茶香扑鼻，茶味鲜醇，清汤绿叶，真是与众不同。皇帝连忙命他再煎一碗，让宫女送到书房给积公去品尝。

积公接过茶碗，喝了一口，连叫好茶，于是一饮而尽。他放下茶碗后，走出书房，连喊："渐儿何在？"皇帝忙问："你怎么知道陆羽来了呢？"积公答："我刚才品的茶，只有他才能煎得出来，当然是到宫中来了。"

知识密码

九品中正制——

九品中正制，又称九品官人法，是魏晋南北朝时期重要的选官制度。选官的标准有三——家世、道德、才能，从而出现了"上品无寒门，下品无势族"的门阀士族垄断政权的局面。

11 旨

字里乾坤

zhǐ

旨

趣话汉字

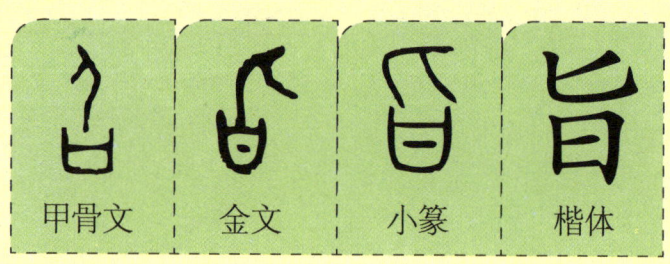

| 甲骨文 | 金文 | 小篆 | 楷体 |

旨，会意字。甲骨文的上部是一个"匕"，也就是汤匙的形状，下部是一个"口"，可见盛汤入口就觉得味美。金文继承甲骨字形，篆文将下部的"口"变成"甘"，味美的意思更加明显。最后，到了楷书，就变成了上"匕"下"日"的字。

汉字故事

潘文乐旨 (pān wén lè zhǐ)

西晋年间，有一位名士叫乐广，他善于谈论，却不擅长写作。他想辞去河南尹的官职，却不知该如何把辞呈写得合情合理，让皇上读了后能批准他的请辞。

与他同时代有位叫潘岳的人，很有文采，梁代钟嵘(róng)的《诗品》将他的作品列为上品，并有"陆才如海，潘才如江"的赞语。于是，乐广就请潘岳为他代书。潘岳说："我得知道你的想法，才能动笔。"乐广就向潘岳讲了二百句，表述了自己的志愿。潘岳极尽能事，写了一篇文旨皆美的辞职书。潘岳也因此而成"名笔"。

当时的人都说："若广不假岳之笔，岳不取广之旨，无以成斯美也。" 也就是说，如果乐广不借潘岳之笔，而潘岳不取乐广的意旨，也就不会有这样的美文问世。

后世的人多以"潘文乐旨"来比喻好文章的文辞与意旨。其实这则成语故事也告诉我们，不同的人所擅长的领域不同，如果能相互形成最佳配合，相信也会无事不成。

知识密码

圣旨——

圣旨是古代皇帝下的命令或发表的言论。其轴柄按官员品级不同严格区别：一品为玉轴，二品为黑犀牛角轴，三品为贴金轴，四品和五品为黑牛角轴。其材质均为上好蚕丝制成的绫锦织品，图案多为祥云瑞鹤。

12 鲜

字里乾坤

xiān

趣话汉字

| 金文 | 小篆 | 楷体 |

鲜，会意字。金文的上部是一只羊，下部是一条鱼。这个"鱼"表示类属，"羊"表示味美。"鲜"其实是一种鱼名，后世借鱼名"鲜"作为"新鲜"的"鲜"。随着演变，原来的上下结构变成了左右结构，意义不变。汉字简化后，左边的"魚"被写成了"鱼"。

汉字故事

若烹小鲜
ruò pēng xiǎo xiān

老子《道德经》第六十章中云:"治大国,若烹小鲜。"意思为治理大国就像烹调美味的小菜一样。

相传,夏朝末年,伊尹见汤是个贤德的君主,便向他提出自己的治国主张。一次,伊尹见汤询问饭菜的事,说:"做菜既不能太咸,也不能太淡,要调好作料才行;治国如同做菜,既不能操之过急,也不能松弛懈怠,只有恰到好处,才能把事情办好。"商汤听了,很受启发,便产生重用伊尹之意。商汤和伊尹相谈后,顿觉相见恨晚,当即命伊尹为"阿衡"(宰相)。在商汤和伊尹的经营下,商汤的力量开始壮大,最后灭了夏桀。

知识密码

鲜卑族——

鲜卑族是继匈奴之后在蒙古高原崛起的古代游牧民族,兴起于大兴安岭,为魏晋南北朝时期对中国影响最大的游牧民族,起源于东胡族,分布在中国北方。

13 炙

字里乾坤

zhì

趣话汉字

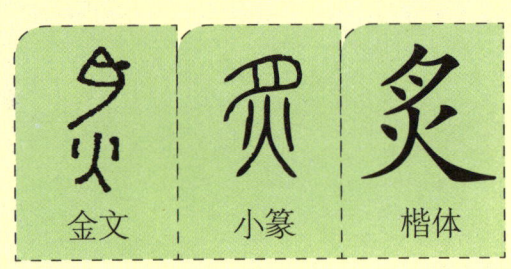

| 金文 | 小篆 | 楷体 |

炙，会意字。金文上部是肉，下部是火，表示将肉放在火上烤，这就叫作"炙"。篆文继承金文字形，变化不大，最后变成上"月"下"火"的字形。作为烹饪法的一种，很多东西都可以"炙烤"，比如各种肉类，还有鱼类。

汉字故事

炙手可热势绝伦
(zhì shǒu kě rè shì jué lún)

唐玄宗李隆基在位初期是一个很有作为的皇帝。但是，他后来任用李林甫为丞相，政治开始腐败。745年，他封杨玉环为贵妃，纵情声色，奢侈荒淫，越来越腐败。杨贵妃有个堂兄叫杨钊，由于杨贵妃得宠，杨钊也平步青云，做了御史，唐玄宗还赐名"国忠"。

不久，李林甫死了，唐玄宗便任命杨国忠做丞相，把朝廷政事全部交给杨国忠处理。一时之间，杨家兄妹权势熏天。他们结党营私，把整个朝廷搞得乌烟瘴气，以致不久以后就爆发了安禄山、史思明的叛乱。可当时，杨家兄妹还过着花天酒地、穷奢极欲的生活。

753年3月3日，杨贵妃等人到曲江边游春野宴，轰动一时。诗人杜甫对杨家兄妹这种只顾自己享乐、不管人民死活的行为极为愤慨，写出了著名的《丽人行》一诗，大胆揭露和深刻讽刺了杨家兄妹生活的奢侈和权势的显赫。"炙手可热势绝伦，慎莫近前丞相嗔(chēn)！"便是诗中的两句。这两句诗的意思是：杨家权重位高，势焰大的人，没有人能与之相比；你千万不要走近前去，以免惹得丞相发怒生气。

知识密码

熏炙——

熏炙是炙法的一种，指的是用水煮艾或其他药物，以它的热气熏患处，或用火点燃后以它的烟熏患处的一种中医疗法。

14 炎

字里乾坤

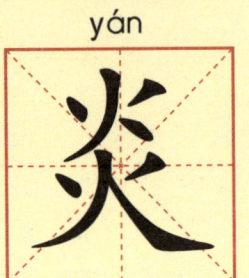

yán

趣话汉字

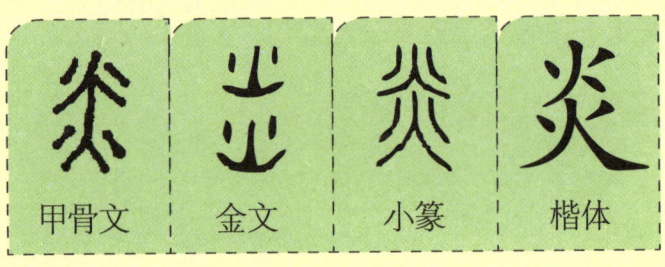

| 甲骨文 | 金文 | 小篆 | 楷体 |

炎，会意字。甲骨文是上下有两把大火，火光冲天，表示火烧得很旺。金文和篆文都继承甲骨字形，火苗升腾，是两把火熊熊燃烧的形象，字形变化不大，到楷书就已经定型。由"火很大"这个意义，"炎"后来又引申为灼热的意思。

汉字故事

神农尝百草

神农尝百草的故事，是中国古代著名的神话传说。

神农氏本是三皇之一，出生在烈山的一个石洞里。传说他牛头人身，由于他的特殊外形和勤劳勇敢，长大后被人们推为部落首领。因为他的部落居住在炎热的南方，称炎族，大家就称他为炎帝。有一次，他见鸟儿衔种，由此发明了五谷农业，因为这些卓越的贡献，大家又称他为神农。

远古时期生活条件恶劣，人们经常被疾病困扰。神农看到人们得病，就到都广之野登建木上天帝花园取瑶草，天帝看见后赠给他神鞭。神农拿着这根神鞭，从都广之野走一路鞭一路，回到了烈山。

神农走遍山野之地，尝遍百草，并多次中毒，都多亏了有茶解毒。他发誓要尝遍所有的草，最后却因尝了一种叫断肠草的植物而找不到解毒的方法，因此逝世。

后来，人们为了纪念他的恩德和功绩，奉他为药王神，并建药王庙，四时祭祀。我国的川、鄂、陕交界处传说就是神农尝百草的地方，被称为神农架山区。

知识密码

炎黄子孙——

炎黄子孙，是中华民族的自称。"炎"指炎帝，"黄"指黄帝。炎黄二帝为中华始祖。两个部落展开阪泉之战，黄帝打败了炎帝，两个部落渐渐融合成华夏族。

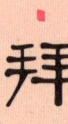

字里乾坤

bài

趣话汉字

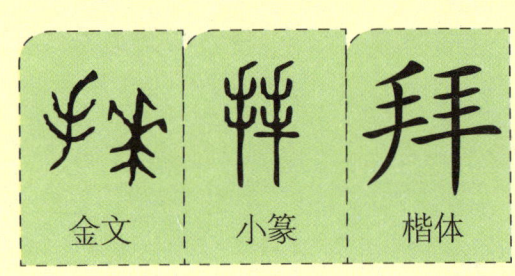

| 金文 | 小篆 | 楷体 |

拜，会意字。金文字形左边是"手"形，右边部分很像一个面左而立的人形，这就表示举手至头就是拜。篆文继承金文字形，为两手之形，表示合掌为拜，之后楷书继承篆文字形，一直到现在。"拜"其实是古代一种头要触到地面的礼节，是礼仪重要的一方面，比如拜谢、拜见等。

汉字故事

望尘而拜
wàng chén ér bài

中国人常用"貌比潘安"来形容美男子，那么潘安到底是谁呢？他就是成语"望尘而拜"的主人公，又叫潘岳。

潘岳年轻的时候，是西晋有名的美男子。传说当他驾着马车在街上走时，街道两边的女人们，不论是八岁还是八十岁，没有一个人不为他着迷的。人们除了在路边列队欢迎外，还打着横幅喊口号，而且每人手里都拿着水果，热情地朝潘安的车里丢去，不停地丢，以至于潘岳回去的时候车上都装满了水果。

但就是这样一个美男子，多年宦海沉浮过后，他也身不由己地学会了趋炎附势。当时掌权的是白痴皇帝晋惠帝的丑八怪皇后——贾南风。据说她的外甥贾谧(mì)组织了一个文人团，叫作二十四友，实际上就是贾氏外戚集团的御用文人，而潘安就是"二十四友"之首。他巴结奉承贾谧，每次迎接他的时候，还没有见到人，只见到车马扬起的尘土，他就要开始整衣，望尘而拜。也因此，潘岳成了给事黄门侍郎。

后来，人们就用"望尘而拜"来形容一个人卑颜屈膝的神态。

知识密码

拜年——

拜年是我国民间的传统习俗。一般而言，拜年是在除夕零点以后，由家长带领着小辈出门，谒见亲戚、朋友和尊长，向对方祝颂新年，而卑幼者必须叩头致礼。

16 宿

字里乾坤

sù

趣话汉字

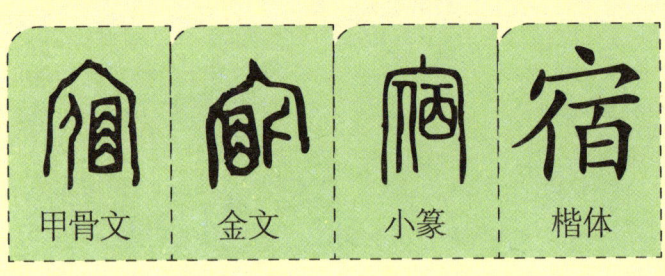

| 甲骨文 | 金文 | 小篆 | 楷体 |

宿，会意字。甲骨文的外面就是一座房屋的形象，屋内的右边是一条席子，席子的上面躺着一个人，这表示的就是住宿之意。金文继承甲骨字形，只是人席调换了位置。篆文右边的席子已经不像了，左边人还在。最后，到了楷书，下面变成了"佰"，字形定型。

汉字故事

东食西宿 (dōng shí xī sù)

齐国有一户人家，家中有一个女儿，长得很漂亮，有两家人前来求婚。

这求婚的两家男子，东家的长得十分丑陋，但是家境富裕，衣食无忧；西家的容貌虽然俊美倜(tì)傥(tǎng)，但是家里却很贫穷。父母有些犹豫，不能决定到底该把女儿嫁给哪一家。于是，他们就去询问自己的女儿，想要她自己决定要嫁的人家。

这家的女儿听完了两个男子的情况后，也有些为难。她的父母说："你要是难以亲口指明的话，不用指明表白，就将一只胳膊袒露出来，让我们知道你的意思就行了。"

女儿想了想，就袒露出了两只胳膊。她的父母感到很奇怪，就问她这是什么意思。她说："我想在东家吃饭，在西家住宿。"

这则寓言嘲讽了那些贪得无厌的人。世上没有"东食西宿"的好事，任何事情都不是两全其美的。想得到好的东西，要靠自己去努力，去奋斗才可以。

知识密码

宿儒——

年高而博学的读书人。鲁迅《朝花夕拾》："因为他是渊博的宿儒，决不至于不知道。"

17 赤

字里乾坤

chì
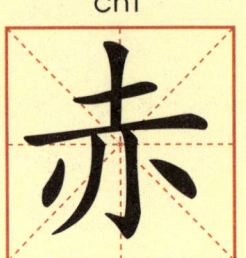

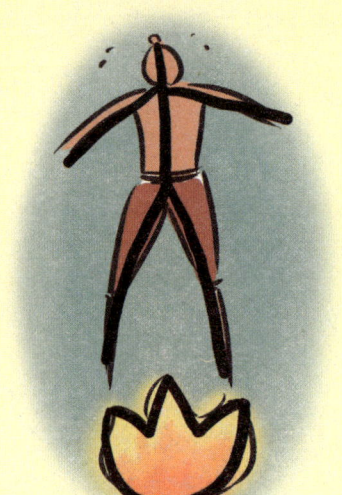

趣话汉字

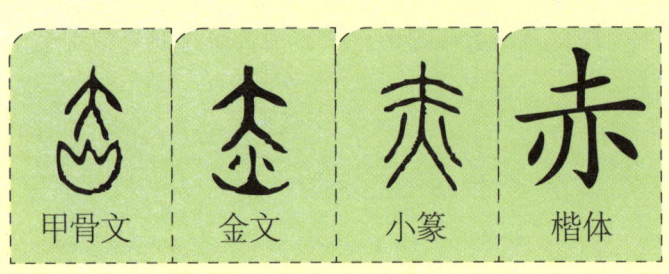

| 甲骨文 | 金文 | 小篆 | 楷体 |

赤，会意字。甲骨文字形的上部是个人，下部是一堆火，人都被火烤红了，这就是"赤"。金文继承甲骨字形，只是变得笔形粗壮。到了篆文，就将下部的火直接写成了"火"，逐渐演变成今天看到的样子。被火烤红了就是"赤"，所以赤色，也就是红色的意思。

汉字故事

赤壁之战 (chì bì zhī zhàn)

赤壁之战发生在东汉建安十三年，是孙权、刘备统领军队在长江赤壁一带大败曹操军队的一次著名决战。当时的曹操击败袁绍，攻破乌桓，基本统一了北方，就想挥师南下，先灭刘表，再顺长江东进，击败孙权，从而统一天下。

刘备在长坂被曹军大败，在退军的途中派诸葛亮去柴桑会见孙权，共谋抗曹。孙权的大将周瑜、鲁肃与诸葛亮等精辟分析局势，指出曹军兵力虽实有20余万，但有后方不稳、远道劳师、不服水土、短于水战等弱点，这坚定了孙权与刘备结盟抗曹的决心。

两军在赤壁对峙，诸葛亮建议火攻；周瑜又使出苦肉计，派部将黄盖致书曹操假装投降。曹操自信稳操胜券，戒备松懈。黄盖选择时机派船逼近曹军，下令同时点燃船上的薪草，火船乘风闯入曹军船阵，顿时一片火海，延及岸上营寨，曹军死伤惨重。周瑜等率军乘势冲杀，曹军溃败。

最后，曹操率领残余部队从华容道逃向江陵，兵力折损大半，无力再战，退却而走。

知识密码

赤练蛇——

赤练蛇是一种在我国分布很广的无毒蛇，因其体背上有黑褐色与红色窄横纹而得名。鲁迅先生在《从百草园到三味书屋》提到过这种蛇，传说百草园里有一条很大的赤练蛇，幻化成美女来害人。

18 浴

字里乾坤

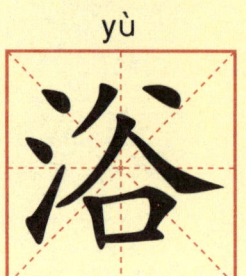

yù

趣话汉字

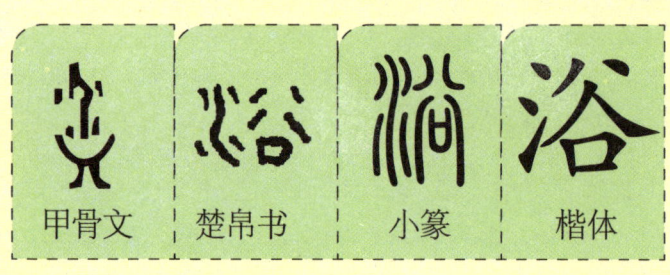

| 甲骨文 | 楚帛书 | 小篆 | 楷体 |

浴，会意字。甲骨文的下部是一个大器皿，中间盛有水，水中站着一个曲背弯腰面朝左的人，人的周围有四个点，表示人在洗澡。楚帛书字形在左边加上了一个表示形的"水"，仍表示洗澡的意思。最后，到了楷书，就变成了左"氵"右"谷"的字。

汉字故事

三衅三浴 (sān xìn sān yù)

春秋时期，齐国发生了内乱，公子小白与公子纠纷纷逃到国外避难。后来，内乱平息，公子小白回国，继位成为了齐桓公。

鲍叔牙是齐国的大臣，他知道管仲的才干和能力卓越，就建议齐桓公要不计前嫌，任命管仲为相国。

齐桓公也很看重管仲的才能，他想成就一番霸业，于是就用"三衅三浴"的礼节亲自到郊外去迎接管仲。多次沐浴并用香料涂身，这可是对人极为尊重的一种礼遇。

管仲被齐桓公的真诚和礼遇所打动，决定辅佐齐桓公。果然，在管仲的辅佐下，齐国很快就成为了春秋五霸之首。

知识密码

浴兰令节——

古代的浴兰令节也就是端午节。在那一天，人们会浴于兰汤之中，也就是用香草水洗澡。古人认为兰草能避不祥，所以以兰汤洁斋祭祀。

19 焦

字里乾坤

jiāo

趣话汉字

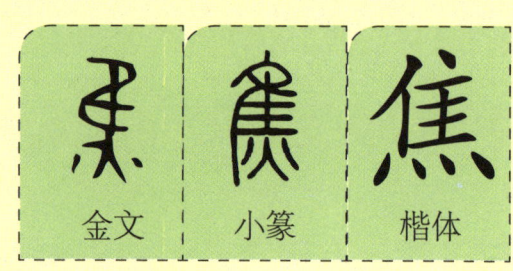

| 金文 | 小篆 | 楷体 |

焦，会意字。金文的上部是一只鸟形，下部是一团"火"，表示用火烤鸟。随着演变，下面的"火"形逐渐变成了四个点，最后就变成了我们今天看到的样子。同时"焦"还有心急的意思，比如焦心、焦虑。

汉字故事

曲(qū)突(tū)徙(xǐ)薪(xīn)，焦(jiāo)头(tóu)烂(làn)额(é)

古时候，有户人家建了一栋新房子，左邻右舍纷纷前去祝贺，都说房子造得好。主人听了非常高兴。这时，有位客人诚心诚意地向主人指出："您家厨房里的烟囱是从炉膛上端笔直通上去的，炉膛(táng)里的火星会飞出烟囱落在房顶上，容易失火。您在灶膛与烟囱之间加一段弯曲的管道，灶门口也不要堆那么多的柴草，就不容易失火了。"

主人听了，觉得他的话不吉利，就没有采纳他的建议。不久，房子果然失火了。邻居们前去扑灭了火。事后，主人大摆酒席，把那些被火烧得焦头烂额的人当作上宾款待，却忘了最初那个提建议的人。于是，有人感慨地对主人说："如果您一开始就采纳那人的建议，就不会失火了，也用不着像今天这样大摆酒席请客了。现在您请灭火的人坐上席，而不去请提出忠告的人。您想到这一点了吗？"

主人听了，猛然醒悟过来，赶忙将那位当初提出忠告的客人请来，让他坐了首席。后人将故事中的"曲突徙薪无恩泽，焦头烂额为上客"概括出两个成语："曲突徙薪"和"焦头烂额"。"曲突徙薪"比喻在危险发生之前，消除危险的因素，防患于未然。"焦头烂额"比喻狼狈窘迫的处境。

知识密码

焦尾琴——

焦尾琴，中国古代四大名琴之一。与齐桓公的号钟、司马相如的绿绮(qǐ)、楚庄公的绕梁相比，"焦尾"琴名直白无华，但其身世非同寻常，此琴由东汉名人蔡邕(yōng)所创制。

20 明

字里乾坤

míng

趣话汉字

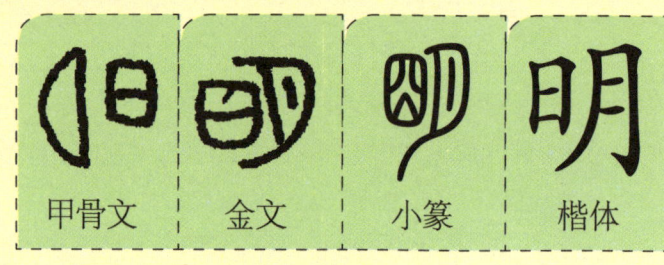

| 甲骨文 | 金文 | 小篆 | 楷体 |

明，会意字。甲骨文的左边是一个月亮，右边是一个太阳，日月同照，这就是"明"。到了金文，将太阳变成了窗户，月亮照在窗上，就是光明。篆文继承金文字形，到了楷书，左边才又变回"日"形，字形开始定型。

汉字故事

明镜高悬
（míng jìng gāo xuán）

在古代官府的大堂中，长官座位后边的墙上都高高挂着一块大匾，上边写着"明镜高悬"四个大字。

什么叫"明镜"？"明镜高悬"是怎么来的呢？

"明镜"出自晋代葛洪所著的《西京杂记》一书。据该书记载：相传秦始皇得到一面长方形铜镜，高五尺九寸，宽四尺，表里明亮。据说此镜能照见人的五脏六腑，并能照出人心中的邪念。因为此镜出于秦地，故被称为"秦镜"。秦始皇得到这面宝镜后，常用它来照宫中人，一旦发现了谁心存邪念，就严厉惩处。

因为此镜功能奇特，后来人们以"秦镜高悬"来比喻当官的人明察是非，断狱清明。唐代诗人刘长卿在《避地江东，留别淮南使院诸公》一诗中写道："何辞向物开秦镜，却使他人得楚弓。"后来，许多当官的人为了标榜自己的清正廉明，都在公堂上挂起"秦镜高悬"的匾额。由于人们对"秦镜"的典故不太熟悉，所以就将"秦镜"改为"明镜"，"秦镜高悬"便演变为"明镜高悬"了。

知识密码

清明上河图——

中国十大传世名画之一，为北宋风俗画，是北宋画家张择端仅见的存世精品。在5米多长的画卷里，共绘了814个各色人物，牛、骡、驴等牲畜73匹，车、轿超过20辆，大小船只29艘。

21 雪

字里乾坤

趣话汉字

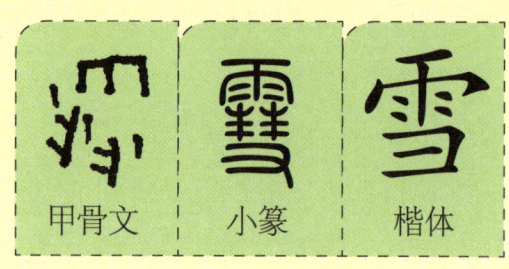

| 甲骨文 | 小篆 | 楷体 |

雪，会意字。甲骨文字形的上部是"雨"，下部是一些雪片状的东西，正在下落。篆文继承甲骨字形，只是变得更加复杂了。到了楷书，直接简化成上面是"雨"，下面是"彐"的字，沿用至今。冬天，当空气中的水汽冷却到摄氏零度以下时，就有部分凝结成冰晶，由空中降下，这就是"雪"。

汉字故事

囊萤映雪
náng yíng yìng xuě

"囊萤映雪"的故事讲的是晋代的孙康和车胤(yìn)。

孙康十分喜欢读书，可是他家里就连蜡烛也买不起。有一年冬天，孙康半夜从睡梦中醒来，发现窗缝里透进一丝光亮，那是大雪映出来的光。他欣喜地发现，雪地里的光亮可以用来看书。于是，他倦意顿失，立即取出书籍，来到屋外。宽阔的大地上映出的雪光，比屋里要亮多了。孙康不顾寒冷，立即看起书来。此后，每逢有雪的晚上，他就不放过这个好机会，孜孜不倦地读书。这种苦学的精神，促使他的学识突飞猛进，成为饱学之士。后来，他当了一个大官。

车胤也是从小就好学不倦，但因家境贫困，没有多余的钱买灯油供他晚上读书，他只能利用白天时间背诵诗文。夏天的一个晚上，他正在院子里背一篇文章，忽然见许多萤火虫在低空中飞舞。一闪一闪的光点，在黑暗中显得有些耀眼。他想把许多萤火虫集中在一起，做成一盏灯。他去找了一只白绢口袋，抓了几十只萤火虫放在里面，再扎住袋口，把它吊起来。虽然不怎么明亮，但可勉强用来看书了。从此，只要有萤火虫，他就去抓一把来当作灯用。由于他勤学苦练，后来终有成就，官至吏部尚书。

知识密码

二十四节气——

　　立春、雨水、惊蛰、春分、清明、谷雨、立夏、小满、芒种、夏至、小暑、大暑、立秋、处暑、白露、秋分、寒露、霜降、立冬、小雪、大雪、冬至、小寒、大寒。

22. 晨

字里乾坤

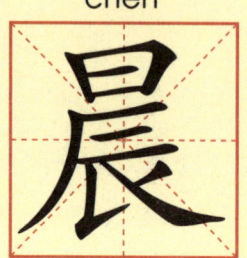

趣话汉字

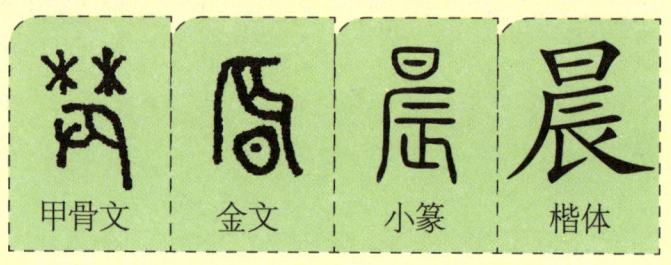

| 甲骨文 | 金文 | 小篆 | 楷体 |

晨，会意字。甲骨文上面是树林，下面是手拿着石锄干活的形象。金文变动较大，下部是一个"日"，表示天刚亮，上部是用来做农具的大蚌壳，也是清晨去田间劳作的意思。最后，又将"日"移到最上面，意义不变，逐渐成为我们今天看到的字形。

汉字故事

牝鸡司晨
pìn jī sī chén

殷商时期，暴君纣王每天只知道吃喝玩乐，过着奢华荒淫的生活，对忠臣们的话毫不理会，只听信他的爱妃妲己(jī)的话。

商朝的有名忠臣比干(gàn)向纣王进了几句忠言，却被纣王残忍地杀了，还将他开胸挖心，说要看比干长的什么心眼，心里到底有几窍。纣王的行为引起了群臣、百姓的强烈反抗。

公元前1066年，周武王带兵讨伐纣王，周武王的部队在距离朝歌七十里的牧野就跟纣王的部队开战了。周武王在牧野誓师时说道："过去说雌鸡没有晨鸣之道，雌鸡代替雄鸡打鸣则家尽，妇人夺取丈夫的政权则国家要亡，纣王一味听信妲己的谗言，胡乱施政，是纣王亡国的根本。"纣王收到武王反叛的消息，便带着他的七十万人马迎敌，只是他的这些手下早就对他恨之入骨，纷纷倒戈。就这样，残暴不仁的纣王自己把自己逼到了绝路，只好逃回朝歌，最后自焚了结了生命。

雌鸡像雄鸡那样鸣啼，这就是"牝鸡司晨"，旧时多用来比喻女人篡权乱世。

知识密码

晨星与昏星——

天亮前后，东方地平线上有时会看到一颗特别明亮的"晨星"，又叫"启明星"；黄昏时分，西方余晖中有时会出现一颗非常明亮的"昏星"，叫"长庚星"。这两颗星其实是一颗，即金星。

23 朝

字里乾坤

zhāo

趣话汉字

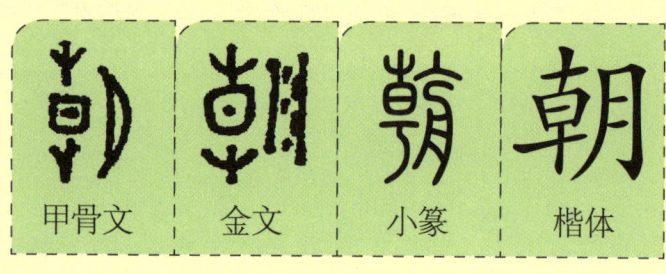

| 甲骨文 | 金文 | 小篆 | 楷体 |

朝，会意字。甲骨文的左边上下部都是草，中间是一个太阳，右边类似天边残月，表示黑夜过去，太阳从地面或草地上升起。金文继承甲骨字形，右边却变成了"水"。篆文变化较大，其左边的上部和中部还与金文类似，可下部却不像草了，右边也变成上"人"下"舟"。到了楷书，右边才变成了"月"旁，字形逐渐定型。

汉字故事

朝三暮四 zhāo sān mù sì

战国时代，宋国有一个养猴子的老人，他在家中的院子里养了许多猴子。日子一久，这个老人和猴子竟然能沟通讲话了。

老人每天早晚都分别给每只猴子四颗栗子。几年之后，老人的经济越来越不充裕了，而猴子的数目却越来越多，所以他就想把每天的栗子由八颗改为七颗，于是他就和猴子们商量说：

"从今天开始，我每天早上还是照常给你们四颗栗子，而晚上给你们三颗栗子，不知道你们同不同意？"

猴子们听了，都想晚上怎么少了一个？于是一个个就开始吱吱大叫，而且还到处跳来跳去，好像非常不愿意似的。老人一看到这个情形，连忙改口说："那么我早上给你们三颗，晚上再给你们四颗，这样该可以了吧？"

猴子们听了，以为晚上的栗子已经由三颗变成四颗，跟以前一样，就高兴地在地上翻滚起来。

知识密码

花朝节——

花朝节，俗称"花神节"，是汉族传统节日，流行于东北、华北、华东、中南等地，一般每年农历二月初二举行。节日期间，人们结伴到郊外游览赏花，称为"踏青"，姑娘们剪五色彩纸粘在花枝上，称为"赏红"。

24. 昼

字里乾坤

zhòu

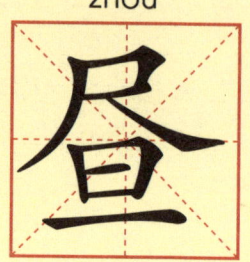

趣话汉字

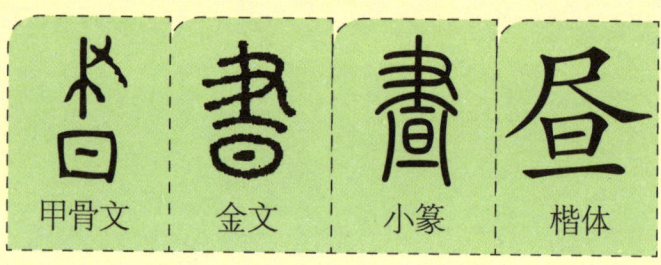

| 甲骨文 | 金文 | 小篆 | 楷体 |

昼，会意字。甲骨文下面是"日"，上面是拿笔记录的样子，表示一天开始了，要开始度量的意思。后来，随着演变，又将下面的"日"写成"旦"，表示日出，强调白昼始于日出。汉字简化后，为了书写方便，上面手拿笔的样子被"尺"代替，仍表示度量白昼的意思。

汉字故事

昼伏夜行
zhòu fú yè xíng

春秋时期，楚平王是一个十分昏庸荒淫的人，他看中了自己儿媳妇的美貌，竟然不顾人伦地霸占了自己的儿媳妇。太子的老师叫伍奢(shē)，认为楚平王这种行为有伤人伦，十分不妥。楚平王大怒，就将伍奢抓了起来，还命他写信叫回身在外地的儿子伍尚与伍员，伍员也就是伍子胥。

伍奢触犯了楚平王，楚平王想将伍家父子三人一同杀死。伍尚回去后，很快就和父亲一起被杀掉了。伍子胥得了消息，马上逃走了。

一路上，伍子胥历尽艰辛，昼伏夜行，白天不敢随便走动，到了晚上才敢加快步伐赶路，十分小心身边的风吹草动。最后，他终于逃到了吴国，活了下来，并成为日后吴国的一代名相。

知识密码

昼颜——

昼颜，唐诗中的鼓子花。它白天开放，夜晚凋零，藤一拉就断，一断又再生。它的花语是"朋友的缘"。

25 春

字里乾坤

趣话汉字

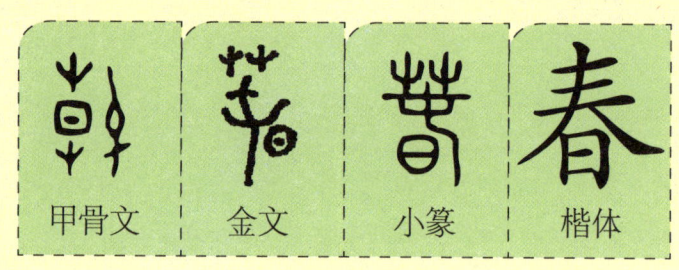

| 甲骨文 | 金文 | 小篆 | 楷体 |

春，会意字。甲骨文左边的上下部分都是草，中间是"日"，右边是声符"屯"，表示旭日东升，绿草茵茵，大地回春的景象。金文字形变化较大，草都在上部，"日"变到了下部。篆文继承金文字形，只是变成了曲笔。到了楷书，上面已看不出草形，也就是现在看到的字体。

汉字故事

三月三春浴日
（sān yuè sān chūn yù rì）

春浴日是汉民族传统节日，俗称三月三，定在农历三月的第一个巳日，也叫作"上巳(sì)节"。

上巳春浴的习俗，发源于周代的水滨祓(fú)禊(xì)，后来由朝廷主持，并专派女巫掌管此事，成为官定假日。到汉代，上巳被定为节日，魏晋以后，确定三月初三为春禊，是当时重要节日之一。《论语》："莫春者，春服既成，冠者五六人，童子六七人，浴乎沂(yí)，风乎舞雩(yú)，咏而归。"这里写的就是上巳节当天的热闹情形。

值得一提的是，上巳节还演化出了一段"曲水流觞(shāng)"的逸事。传说魏晋时的士大夫在祓禊的同时，还要举行水滨宴会，谈文作赋，饮酒取乐。饮酒时，要将酒杯置于流水之中，酒杯随水流动，到谁的面前，谁就要饮酒吟诗。这个活动，在著名书法家、文学家王羲之的《兰亭集序》中被记为"曲水流觞"。后来，曲水流觞的活动还远传到日本，形成日本的曲水宴与洗尘礼仪。

可是，遗憾的是，如今上巳节和花朝节一样，正逐渐被人们所淡忘、忽略。

知识密码

孟春——

孟春，就是春季的首月。农历一年分十二个月，依次为：孟春、仲春、季春，孟夏、仲夏、季夏，孟秋、仲秋、季秋，孟冬、仲冬、季冬。

26. 昏

字里乾坤

hūn

趣话汉字

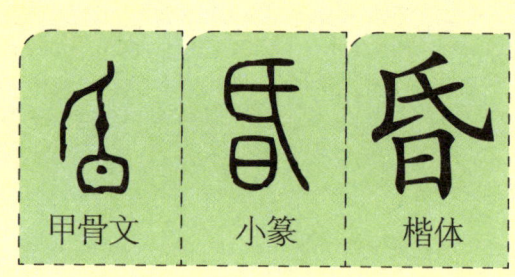

甲骨文　小篆　楷体

昏，会意字。甲骨文的上部是一个人形，其下是"日"，太阳降到了人手的下面，表示黄昏时分到了。篆文继承甲骨字形，只是原来的"人"形变成了"氏"。自此，字形开始定型。黄昏也就是傍晚，因光线不明，"昏"还有昏黑的意思。

汉字故事

昏蠢司马衷
（hūn chǔn sī mǎ zhōng）

司马衷是西晋时期有名的白痴皇帝，他痴呆不任事，昏聩(kuì)无能，开始时太傅杨骏(jùn)辅政，后来皇后贾南风杀害杨骏，掌握大权。

司马衷从小愚笨，司马炎对此很发愁，担心司马衷会丢了祖宗开创的家业。有一次，司马炎为了测验一下司马衷，特意出了几道问题考他，并限他三天之内交卷。司马衷拿到题目以后，不懂作答。他的妻子贾南风是个很聪明的人，立刻请来几位有学问的老先生为司马衷解答难题。

司马炎看了答卷后，以为儿子的思维还是很清楚的，也就放心了。可是司马炎一死，司马衷即位，遇事要他自己定策，就闹出了不少笑话。

据说，有一年闹灾荒，老百姓没饭吃，到处都有饿死的人。有人把这个情况报告给了司马衷，但司马衷却对报告人说："没有饭吃，他们为什么不吃肉粥呢？"报告的人听了，哭笑不得，灾民们连饭都吃不上，哪里来的肉粥呢？

由此可见，司马衷是如何愚蠢糊涂和昏庸无能了，他大概是历史上为数不多的几个因为智力问题戴上"昏庸"帽子的人吧。

知识密码

晨昏定省——

晚间要服侍就寝，早上要省视问安，"晨昏定省"是旧时人们侍奉父母的日常礼节。

27. 夜

字里乾坤

趣话汉字

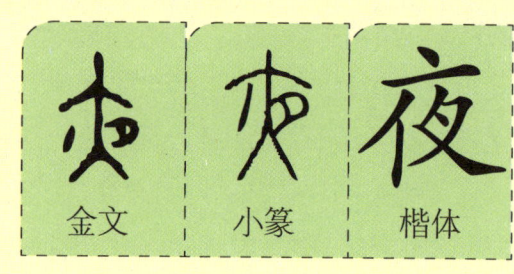

金文　小篆　楷体

夜，会意字。金文字形就像是正面站着的一个人，这个人右臂下有一点，表示"腋"下，左臂下是个"月"，表示月亮已经升到人的腋下那么高，到夜间了的意思。随着字形演变，字形变化较大，逐渐成为我们今天看到的"夜"字。

汉字故事
夜明珠 (yè míng zhū)

"夜明珠",顾名思义,就是在黑暗中天然的、能自行发光的宝珠。

在古代,"夜明珠"又称"夜光璧""明月珠"等。通常情况下所说的夜明珠是指荧光石、夜光石。

我国民间流传的"夜明珠",都有着奇异的发光性能,能在无光的环境中发出各种色泽的晶莹光辉。"夜明珠"在中国5000年文明史中是最具神秘色彩、最为稀有、最为珍贵的珍宝,有着很深厚的历史底蕴和文化内涵。

史料记载,早在炎帝、神农时就已出现过夜明珠。春秋战国时代,如"悬黎"和"垂棘(jí)之璧",价值连城,可比和氏璧。秦始皇殉(xùn)葬夜明珠,在陵墓中"以代膏烛"。汉光武皇后的弟弟郭况"悬明珠与四垂,昼视之如星,夜望之如月"以炫耀其富有。武则天赐予玄宗玉龙于夜明珠。宋元明时,皇室尤喜夜明珠。元明曾派官员到斯里兰卡买到红宝石夜明珠和石榴石夜明珠。明代内阁曾有数块祖母绿夜明珠,夜中有光明如烛。

知识密码

夜光杯——

夜光杯是一种琢玉而成的名贵饮酒器皿。当把美酒置于杯中,放在月光下,杯中就会闪闪发亮,夜光杯由此而得名。

28 暴

字里乾坤

趣话汉字

小篆　楷体

　　暴，会意字。篆文的上部是一个日，表示太阳，中间两边是两只手，下面是一个"米"字，表示太阳出来了，用双手拨米去晾晒它。后来，中间的"手"变形，下面的"米"变成"水"形，就逐渐成了我们现在看到的样子。因为晒就要裸露于外，所以"暴"又有"显露"的意思。

汉字故事

暴虎冯河
bào hǔ píng hé

仲由，字子路，年轻时就以勇力闻名。后来，子路做了孔子的学生。孔子曾对别人说："自从我有了子路后，再也没有人敢当面恶言恶语中伤我了。"

子路不喜欢读书，只喜欢弹瑟。孔子就劝导他，子路说："南山的竹子，不用加工就是直的，砍下来做箭，可以射穿犀牛皮。学习有什么用！"

孔子说："给它装上羽毛和箭镞，会射得更远。"

子路听后拜谢说："真是受益良多。"

有一次，子路问："夫子，您如果统帅三军，希望谁跟您在一起？"孔子说："喜欢空手打虎、徒步过河，自以为勇敢不怕死，这样暴虎冯河的人，我不喜欢。我要遇事善于冷静思考、千方百计争取成功的人。"

后来，子路在卫国做了官。公元前480年，卫国发生内乱，死了许多人。孔子知道了，说："哎，子路这一次有难了！"果然，子路一个人奔回京城，坚决要求惩处作乱的人，结果被杀了。

知识密码

暴发户——

指像火山爆发一样快速致富的人，有贬义，往往说这人虽然很富，但是文化没有跟上。

29 晶

字里乾坤

jing

趣话汉字

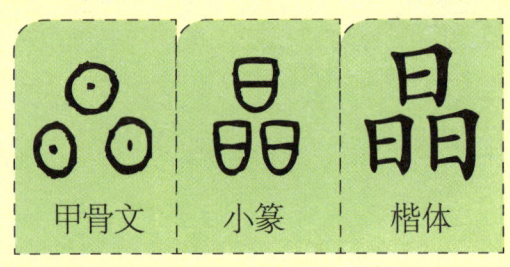

| 甲骨文 | 小篆 | 楷体 |

晶,会意字。甲骨文的形体是三个太阳堆在一起,本来一个太阳就够亮了,那么三个太阳就更亮了。篆文继承甲骨字形,也是三个"日"字放在一起。到了楷书,字形已定型,更加规整。我们要知道,光亮晶莹的东西才是"亮晶晶"的,夜晚的星星是,但白天的太阳就不是了。

汉字故事

水晶灯笼
shuǐ jīng dēng lóng

宋朝时，有个叫刘随的人，从小就为人正直，当官后也很清廉。他看到什么不法之事，无论涉及谁，都直接告诉皇帝。有一次，有个叫钟离瑾(jǐn)的人，花重金买了很多贵重东西，载运到京城汴梁，送给宫中权贵，讨好他们，让他们在皇上跟前帮他说好话升官。这件事让刘随知道了，就在皇帝面前参奏他，让钟离瑾受到了惩处。

后来仁宗继位，年纪尚幼，就由皇太后执政。皇帝成年后，皇太后对朝政还是很有影响力。可是刘随有什么事情，都是直接向皇帝禀报，从不到太后面前讨好。皇太后一气之下，便逼迫皇帝把刘随贬到蜀郡当官。尽管被降了职，但刘随耿直的脾气还是依旧，有一是一，有二是二。这下子，他在蜀郡便得了一个绰号，叫作水晶灯笼。灯笼是水晶做的，透明，里边点着蜡烛，外边看得清楚，里边什么样外边都知道。

所以，"水晶灯笼"这条成语，就是形容表里如一，有什么说什么。现在也用来比喻对事物了解得非常清楚。

知识密码

美丽的水晶——

水晶是稀有矿物，宝石的一种，石英结晶体，在矿物学上属于石英族，主要化学成分是二氧化硅。水晶文化历史悠久，古人曾赋予它一串极富美感的雅称：水玉、水精、水碧等。

30 香

字里乾坤

趣话汉字

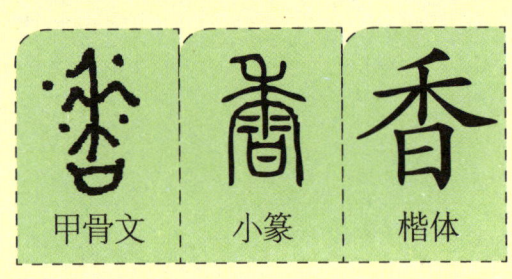

甲骨文　小篆　楷体

香，会意字。甲骨文的上部是麦形，下部的"口"是盛麦的器皿，表示小麦成熟后的馨香。篆文将上部的"麦"形写成"黍"，表示黍子煮熟时的可人气味。后来，为了书写方便，上面变成"禾"，沿用至今。除了指五谷成熟后的香味，"香"还指气味美。

汉字故事

书香门第
(shū xiāng mén dì)

中国古代尊崇读书，"万般皆下品，唯有读书高"，说的就是这个意思。所以，旧时把世代读书的人家称为书香门第。

"书香门第"中的"书香"还有一个典故呢。书，泛指是四书五经，指有智慧的传承的书。古时的造纸、印刷比不得现代便捷，因此古人更珍惜每一本书，为防止蠹(dù)虫咬食书籍，便在书中放置一种芸香草，这种草有一种清香之气，夹有这种草的书籍打开之后清香袭人，故而称之为"书香"。

除了芸香草，还有人用樟木制成书箱来存放书籍，或者把做家具后剩下的樟木片放在大量书籍的间隙中。无论是芸香草，还是樟木片，放它们的目的是相同的，因为这些东西都会散发出一种香味，蛀虫闻到这个味道就会远离，因此书籍会得到非常好的保护。

在放置了芸香草和樟木片后，随着时间的积累，当打开书箱、翻阅书籍时，就会有一股香气扑面而来，也就形成了"书香"的概念。

知识密码

沉香——

沉香，又名"沉水香""水沉香"，古语写作"沈香"（沈，同沉）。古来常说的"沉檀(tán)龙麝(shè)"之"沉"，就是指沉香。它自古以来就被列为众香之首。

31 秉

字里乾坤

bǐng

趣话汉字

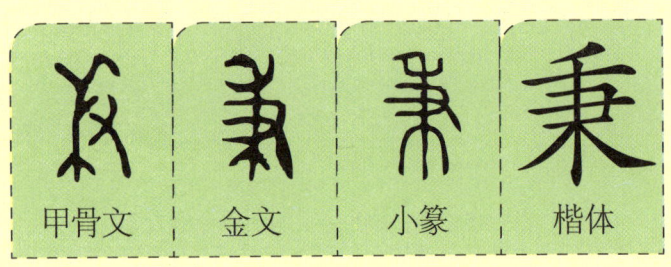

| 甲骨文 | 金文 | 小篆 | 楷体 |

秉，会意字。甲骨文的左边是一棵禾苗，穗子向右弯垂，右下部是一只手，正用手拿起禾苗。所以，一把禾苗在手就叫"秉"。金文和篆文继承甲骨字形，只是手变到禾苗中间，仍表示拿禾苗之意，字形开始定型。

汉字故事

bǐng bǐ zhí shū
秉笔直书

宋朝时，宋太祖经常在皇宫的后园打鸟玩。有一次，几个臣子称有急事求见，宋太祖召见了。但是召见之后，他们上奏的奏章都是写的很普通的事情。宋太祖心里很不高兴，问为什么要拿些普通的事来问他。

一个臣子上前，回答说："臣以为这些事情并不普通，至少比打鸟的事情更紧急。"宋太祖一听，更加生气了，顺手就抄起边上摆的斧子，用斧子柄打那个人的嘴，打掉了两颗牙齿。那个人慢慢弯下腰，把牙齿捡起来，放在怀里，太祖骂他说："你揣个牙齿，是想保留证据告我还是怎么着？"

那个臣子回答说："臣是不会去告陛下的，但是负责记载历史的官员，他们一向秉直，会把这件事情如实写进史书，秉笔直书的。"宋太祖一听就明白了，马上赐那个大臣一些黄金安慰他。

知识密码

秉烛夜游——

　　指手持蜡烛在夜间行游，意谓人生短暂，应当及时行乐。出处为《古诗十九首·生年不满百》："昼短苦夜长，何不秉烛游。"

32 苗

字里乾坤

miáo

趣话汉字

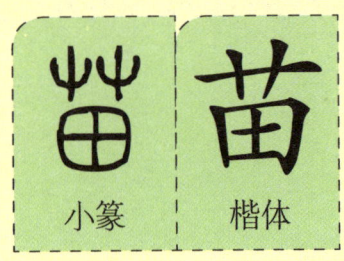

小篆　楷体

　　苗，会意字。篆文的下部是一块田，上部是草形，表示从田里生长的形状像草一样的东西。后来的隶书和楷书，"苗"的字形都变化不大，只是上面变成了"艹"字头。其实，"苗"就是禾苗的意思，也就是还没有吐穗的庄稼。另外，还可指"树苗""鱼苗"等。

汉字故事

揠苗助长
（yà miáo zhù zhǎng）

春秋时期，宋国有一个农夫，他总是嫌田里的庄稼长得太慢，今天去瞧瞧，明天去看看，觉得禾苗好像总没有长高。他心想：有什么办法能使它们长得高些快些呢？

有一天，他来到田里，把禾苗一棵一棵地往上拔。一大片禾苗，一棵一棵地拔真费了不少的力气，等他拔完了禾苗，已经累得筋疲力尽了，可是他心里却很高兴，回到家里还夸口说："今天可把我累坏了，我帮助禾苗长高了好几寸！"

他的儿子听了，赶忙跑到田里去看，发现田里的禾苗全都已经枯死了。

在生活中，揠苗助长是要不得的。不管事物的发展规律，急于求成，反而会把事情弄得更糟。

知识密码

苗族——

苗族最早的源头是上古时居住在长江流域尤其是长江中下游流域的苗蛮集团，首领是蚩尤。后来在涿鹿之战中战败，南迁与岭南原住民融合，形成今天的苗族，南越原住居民与其有渊源。

33. 林

字里乾坤

lín

趣话汉字

甲骨文	金文	小篆	楷体

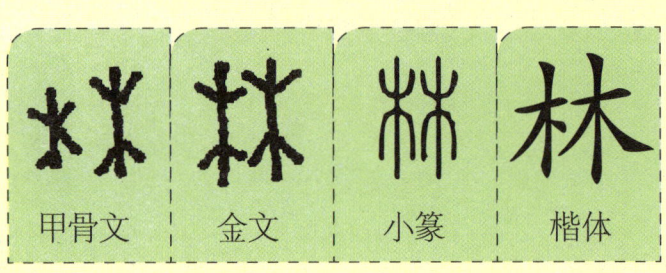

林，会意字。甲骨文就像是并立的两棵树，金文的形体同于甲骨文，篆文继承金文字形，只是将直笔变成了曲笔，意义不变。"林"就是树林子，表示树木多，但还是不能与森林相比。

汉字故事

独木成林
dú mù chéng lín

我们都知道，"林"是指树木多，树林，一棵树无论如何不能叫"林"的。汉·崔骃(yīn)在《达旨》中写道："高树靡阴，独木不林。"借用这一常识来比喻个人力量单薄，要人帮助，才能成大事。

周立波在《山乡巨变》续篇里也写道："'这叫作独木不成林，单丝不成线，一个人不管多能干，不依靠组织和群众，总是成不得气候。号称卧龙的诸葛亮算是一个人物吧？'辛月辉完全同意刘雨生的意见，又引证三国的故事……"

但这里，却有一个独木成林的例子。我国广西壮族自治区崇左市宁明县8公里外的洞郎廊村里有一棵名为"独木成林"的大榕树，传说为仙女所栽，据《宁明县志》记载竟有一千七百多年树龄。除主干外，大榕树的枝干上生出许多插入土中的支柱根，支柱根又变成了另一棵树，形成树生树、根连根的壮观景象。巨枝横扫长空，粗大的柱根落地生根成树干，巨枝上的须根随风起舞，千年古榕的树荫占地二十余亩，世所罕见，有"独木成林"的美名。

知识密码

竹林七贤——

"竹林七贤"指的是晋代七位名士：阮籍、嵇(jī)康、山涛、刘伶、阮咸、向秀和王戎。他们放旷不羁，常于竹林下，酣歌纵酒。

34 森

字里乾坤

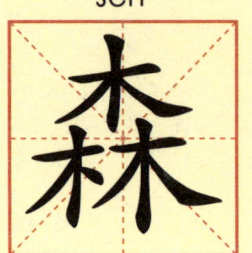

sēn

趣话汉字

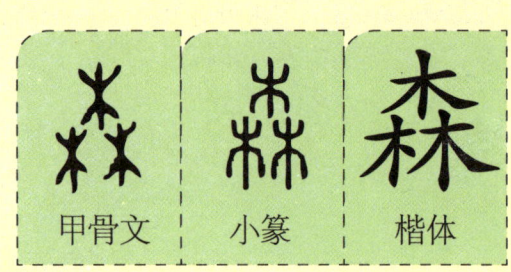

| 甲骨文 | 小篆 | 楷体 |

森，会意字。甲骨文字形就是三棵树的形象，用"三"表示众多，说明树木丛生，森林茂密的意思。随着演变，字形基本没有什么变化，最后就形成三个"木"上下排列的字形。

汉字故事

一叶障目，不见森林
(yī yè zhàng mù，bù jiàn sēn lín)

有一个过着贫穷生活的楚国人，在读《淮南子》时，他看到书中写有"螳(táng)螂(láng)窥探蝉时用树叶遮蔽自己的身体"，由此想到可以用这种方法隐蔽自己的形体，于是就在树下仰起身子摘取树叶。

可是，这枚树叶落到树底下，树下原先已经有许多落叶，不能再分辨哪种是螳螂隐身用的那枚树叶。楚人便收取了好几筐树叶拿回家中，一片一片地用树叶遮蔽自己，问自己的妻子说："你看不看得见我？"妻子开始总是回答说："看得见。"整整过了一天，妻子后来厌烦疲倦得无法忍受，只得哄骗他说："看不见。"

楚人内心暗自高兴，他携带着树叶进入集市，当着别人的面拿取人家的物品。于是差役把他捆绑起来，送到了县衙门里。县官当堂审问，楚人诉说了事件从头到尾的经过，县官大笑起来，释放了他，没有治罪。

以为用一片树叶就可以挡住自己的眼睛，看不见整片森林，这是愚蠢、目光短浅的做法，也叫作"一叶障目，不见泰山"。

知识密码

中国最美十大森林——

天山雪岭云杉林，长白山红松阔叶混交林，尖峰岭热带雨林，白马雪山高山杜鹃林，林芝云杉林，西双版纳热带雨林，轮台胡杨林，荔波喀斯特森林，大兴安岭北部兴安落叶松林，蜀南竹海。

35. 封

字里乾坤

fēng

趣话汉字

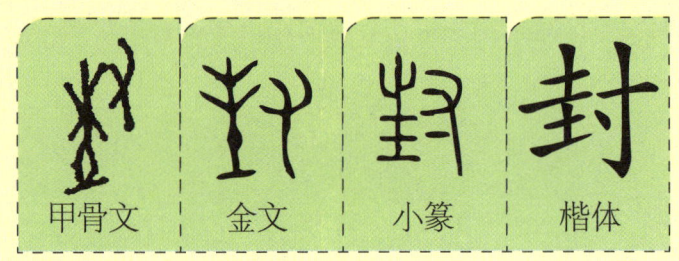

| 甲骨文 | 金文 | 小篆 | 楷体 |

封,会意字。甲骨文左边的下部是一个土堆,土堆之上栽种了一棵树苗,右上部是一只手。手拿树苗往土堆上栽种,这就叫作"封"。金文左边的树苗还在,篆文变化较大,在树苗上加了两横。最后,到了楷书,左边的树苗完全变成了两个"土",右边是"寸",这就是现在的"封"。

汉字故事

李广难封 (lǐ guǎng nán fēng)

汉朝的李广是一位英勇善战、智勇双全的英雄。他一生与匈奴战斗七十余次,常常以少胜多,险中取胜,以致匈奴人闻名丧胆,称之为"飞将军"。

李广又是一位最能体恤士卒的将领。他治军简易,对士兵从不苛刻,尤其是他能与士卒同甘共苦,深得将士们的敬佩。正是由于他这种战斗中身先士卒,生活中先人后己的品格,士兵都甘愿在他麾下。然而,这位战功卓著、倍受士卒爱戴的名将,却一生坎坷,终身未得封爵,使得唐代的王勃不禁感慨:"嗟(jiē)乎!时运不齐,命途多舛(chuǎn);冯唐易老,李广难封。"

司马迁是这样评价他的:"《论语》里说:'在上位的人自身行为端正,不下命令事情也能实行;自身行为不正,发下命令也没人听从。'这就是说的李将军吧!我所看到的李将军,老实厚道,不善言辞。可在他死的那天,天下人不论认识他的还是不认识他的,都为他尽情哀痛,他忠实的品格确实得到了人们的信赖。"

知识密码

泰山封禅 (shàn) ——

封为"祭天",禅为"祭地",封禅是指中国古代帝王在太平盛世或天降祥瑞之时祭祀天地的大型典礼。古人认为群山中泰山最高,为"天下第一山",因此帝王应到最高的泰山去祭过天帝,才算受命于天。

36 休

字里乾坤

xiū

趣话汉字

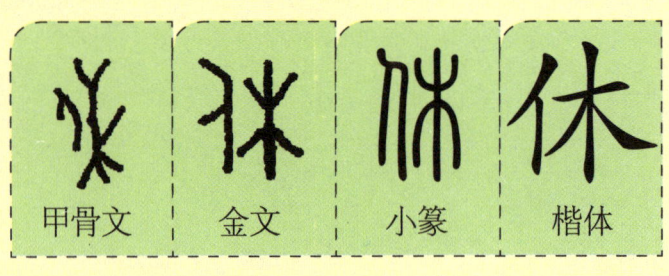

| 甲骨文 | 金文 | 小篆 | 楷体 |

休,会意字。甲骨文字形十分形象,右边是一棵树,左边是一个人,表示人在树下休息。金文继承甲骨字形,篆文字形变化不大。最后,随着演变,逐渐变成了左"亻"右"木"的字形。

汉字故事

一不做，二不休
（yī bù zuò, èr bù xiū）

755年，唐朝的节度使安禄山起兵叛乱。在与叛军的一次交战中，大将王思礼的坐骑被箭射中倒下。就在他处境危急的时刻，一个名叫张光晟(shèng)的骑兵把马让给他，使他脱险。

叛乱平定后，王思礼升了官，就向朝廷保举，使张光晟的官越做越大。783年，一支军队在京师长安哗变，叛兵推立太尉朱泚(zuò)为帝。张光晟以为唐朝气数已尽，便依附了朱泚，做了他手下的节度使。

这时，唐军将领李晟等人已迫近长安，张光晟希望归降朝廷，李晟表示欢迎。张光晟劝朱泚赶快离开长安，待朱泚逃远后，张光晟率领残部向李晟投降。李晟答应奏告朝廷，减免他叛变投敌的罪行。

此后，李晟每次举行宴会，总要邀请张光晟参加，并且奉为上宾。可宾客们对此非常反感，有的当众表示不愿与反贼同席。李晟见众怒难犯，只得将张光晟看管起来，等待朝廷发落。不久，德宗颁下诏书，处死叛贼张光晟。临死时，张光晟悲哀地说："把我的话传给后世的人：第一不要做，第二做了就不要罢休！"

"一不做，二不休"本义是指一不要兴风作浪，二不要改弦更张，后来主要指事情既然做了开头，就索性做到底。

知识密码

休宁——

属古徽州"一府六县"之一，建县于东汉建安十三年。自宋嘉定十年至清光绪六年，休宁出了19名文武状元，是中国第一状元县。同时，休宁还是"乡村旅游福地""中国有机茶之乡"。

37 焚

字里乾坤

fén

趣话汉字

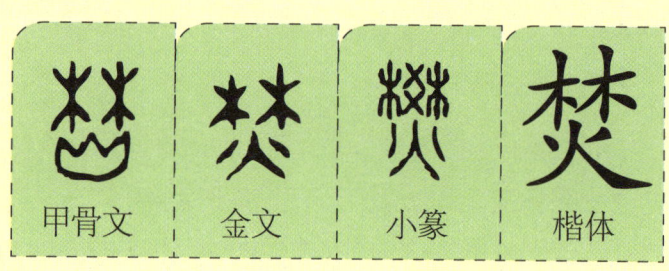

| 甲骨文 | 金文 | 小篆 | 楷体 |

焚，会意字。甲骨文的上部是树林，下部有一把大火，所以火烧山林就是"焚"。金文继承甲骨字形，篆文上部像是"篱笆"的形状，下部是火，仍表示焚烧的意思。到了楷书，又恢复了甲骨文的结构，上部变成"林"，同时书写更加方便。

汉字故事

秦始皇焚书坑儒

公元前213年，秦始皇在咸阳宫摆席庆贺打败匈奴的大喜事，文武官员全出席了。在宴会上，来了七十多个博士，博士的领袖周青臣举杯颂扬秦始皇的功德。秦始皇听了周青臣的颂扬很高兴。

可这番颂扬却触怒了一个叫淳于越的博士，他听周青臣说分封制不好，郡县制好，心里十分难过，便急忙对秦始皇说："陛下！我听别人说，殷周两代的国王传了一千多年，他们分封子弟功臣做诸侯，那个制度本来就很好。"淳于越重提分封的事情，秦始皇听了心里很是厌烦。这时已经任丞相的李斯反对淳于越的谬论，并建议史官所藏的书籍，凡属不是秦国的历史，全都拿来烧了；不是政府任命的博士官所收藏的《诗经》《尚书》，而是私家收藏的书籍，一律焚烧掉，杜绝混乱思想的根源。

秦始皇下令焚书，许多读书人在背后说他的坏话，秦始皇十分生气，就叫人在咸阳城外挖了个大坑，把他们全部都活埋了。这就是历史上令人震惊的"焚书坑儒"。

知识密码

焚风——

焚风是出现在山脉背面，由山地引发的一种局部范围内的空气运动形式，过山气流在背风坡下沉而变得干热，由此形成焚风。

38. 霖

字里乾坤

lín

趣话汉字

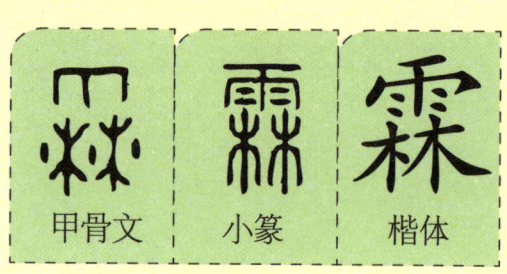

| 甲骨文 | 小篆 | 楷体 |

霖，会意字。甲骨文上面是雨滴，下面是一座树林，林中还有雨点，表示雨落山林，绵绵不停。随着演变，字形上面的部分最后被直接写成了"雨"，下面仍然是一个"林"字，雨落山林的意思更清楚了。

汉字故事

雨霖铃 (yǔ lín líng)

《雨霖铃》是一个词牌名，相传源于唐玄宗与杨贵妃的爱情故事。

唐天宝年间，安史之乱爆发，唐玄宗带着杨贵妃仓皇出逃，来到马嵬(wéi)驿之后发生了变故。唐玄宗无奈之下，将杨贵妃缢死，稳定了军心。在平定叛乱之后，唐玄宗返回长安，一路上都是戚雨沥沥，风雨冷冷地吹打在皇鸾(luán)的金铃上。他想起杨贵妃，心里悲痛，于是就作了《雨霖铃》这个曲子，用来寄托自己的思念和遗恨。

后来，《雨霖铃》被人广为传颂，后世作《雨霖铃》的人也很多，北宋词人柳永就是代表，他自称"奉旨填词柳三变"，以毕生精力作词，并以"白衣卿相"自诩。他作的《雨霖铃·寒蝉凄切》真挚动人，流传最广：

寒蝉凄切，对长亭晚，骤雨初歇。都门帐饮无绪，留恋处，兰舟催发。执手相看泪眼，竟无语凝噎(yē)。念去去，千里烟波，暮霭(ǎi)沉沉楚天阔。

多情自古伤离别，更那堪，冷落清秋节！今宵酒醒何处？杨柳岸，晓风残月。此去经年，应是良辰好景虚设。便纵有千种风情，更与何人说！

知识密码

甘霖——

甘霖是指久旱以后所下的雨。它是个特殊的词语，其中的甘既修饰霖，又修饰雨和露，意思是甜美的雨水、甜美的露水，所以又作甘露、甘雨。

39. 野

字里乾坤

yě

野

趣话汉字

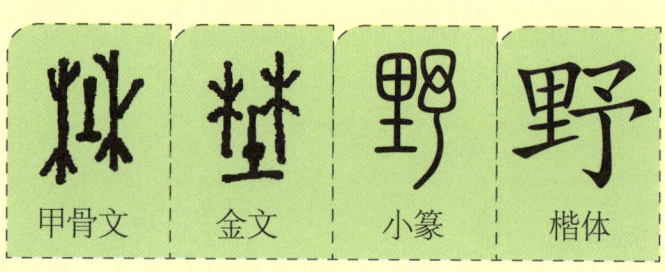

| 甲骨文 | 金文 | 小篆 | 楷体 |

野，会意字。甲骨文的两侧是木，中间是土，表明野外有土地，也有山林。金文继承甲骨字形，只不过变成了"土"上有"林"，意思更确切一些。随着演变，到了篆文，字形就变得复杂起来，其左边是田和土，右边是个"予"字，至此字形逐渐定型。

汉字故事

哀鸿遍野 āi hóng biàn yě

西周时期，周厉王十分残暴不仁，他任命荣夷公为卿士，对内残酷剥削，疯狂敛财，搞得民不聊生，哀鸿遍野。这还不够，他还专门派卫巫去监督百姓的言行，搞得人心惶惶。

后来，愤怒的人们勇敢地站起来反抗，他们一起赶走了周厉王。之后，周宣王即位。有一天，他带领着卿士巡访城郊，不想真的到处都是"鸿雁于飞，哀鸣嗷(áo)嗷"的惨状，受难的民众极多，几乎到处都是。

鸿雁找不到安栖的地方，没有目的地飞着，悲哀地叫着，从中可见流离失所的难民呻吟呼救的凄惨景象。由于这两句诗，后来人们就把不得安居的难民叫作"哀鸿"。形容受难的人民极多，几乎到处都有，就说是"哀鸿遍野"。

知识小密码

稗(bài)官野史——

稗官是古代的一种小官，专给帝王述说街谈巷议、风俗故事。后来称小说为稗官，泛称记载逸闻琐事的文字为稗官野史。

40 进

字里乾坤

jìn

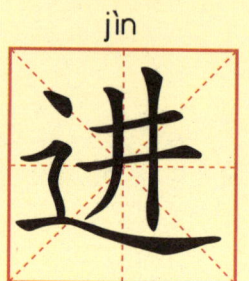

趣话汉字

| 甲骨文 | 金文 | 小篆 | 楷体 |

进,会意字。甲骨文的上部是只鸟,下部是一只脚跟朝下的人脚。所以说,能飞善走就是"进"。金文的中间是只鸟,下部是一只人脚,左边还增加了一个表示行动的符号,仍然表示能飞善走的意思。后来,汉字简化,右边的鸟形变成了"井",书写更加方便。

汉字故事

百尺竿头，更进一步

宋朝时，长沙有位高僧叫景岑(cén)，号招贤大师，人们称他"长沙和尚"，他经常到各地去传道讲经。

一天，招贤大师应邀到一座佛寺的法堂上讲经。大师讲得深入浅出，娓娓动听，听的人深受感染。招贤大师讲经完毕后，一名僧人站起来，向他提了几个问题，大师慢慢地作答起来。那僧人听到不懂处，又向大师提问，于是两人一问一答，气氛亲切自然。他俩谈论的是有关佛教的最高境界——十方世界的内容。为了说明"十方世界"究竟是怎么回事儿，招贤大师当场出示了一份偈帖——所谓偈帖，就是佛教中记载唱词的本子——只见大师指着上面的一段文字念唱道：

百尺竿头不动人，虽然得入未为真。
百尺竿头须进步，十方世界是全身。

这份偈帖的意思是说：百丈的竹竿并不算高，还需更进一步，十方世界才算是真正的高峰。也即"百尺竿头，更进一步"。

知识密码

二进制——

二进制数据是用0和1两个数码来表示的数。它的基数为2，进位规则是"逢二进一"，借位规则是"借一当二"，由18世纪德国数理哲学大师莱布尼兹发明。

41. 岛

字里乾坤

趣话汉字

小篆　楷体

　　岛，会意字。篆文的上部是一只鸟，下部是一座山，海中往往有孤山让鸟儿依傍停歇，这就是"岛"。隶书和楷书都继承篆文字形，变化不大。后来，上面的"鸟"字形简化，就变成现在的字体了。在自然界中，鸟类喜欢聚集栖息在四周水域环绕的陆地上，也就是"岛"。

汉字故事

崇明岛的传说

长江口的沙洲上住着许多居民，或捕鱼，或种田，勤劳淳朴。

有一次，东海龙王喝醉了酒回东海龙宫，经过沙洲上空时呕吐，秽物飘入居民眼中，不少人眼睛疼痛难熬，瞎了眼。东海神蚌得知后，发誓要救沙洲上的居民，让他们重见光明。他化为一位眉清目秀的年轻郎中，举着"专治眼疾"医牌，有人来求医，他就从随身所带的葫芦里蘸(zhàn)几滴仙水抹在患者眼睛上，病人立见光明。一传十，十传百，沙洲上的人传诵神医品德高尚，分文不取；医术高明，立竿见影。

一个叫"马浪汤"的人想以此牟利，他用辣椒把眼睛弄肿了，到郎中那里连声喊痛。郎中刚要取仙水，马浪汤抓出干石灰粉撒向郎中，郎中疼得满地打滚，向东海奔去，跳进海里，恢复原形，把蚌里的夜明珠吐向天空，照得沙洲上如同白昼，居民仰头张望，患有眼疾的病人全部痊愈。而马浪汤双眼永远红肿，疼痛不止，不久，因眼睛发烂而死去。

人们为了纪念神医的高尚医德，把沙洲取名"重明岛"。后来，人们读"重"字时，常读错音，读成分量很"重"的音。为了读音统一，几经流传，就称为"崇明岛"至今。

知识密码

琼华岛——

琼华岛在北京北海太液池南部，金代名琼华岛，元代为万寿山。清顺治八年于山顶建白塔，始称白塔山。

42 罗

字里乾坤

luó

趣话汉字

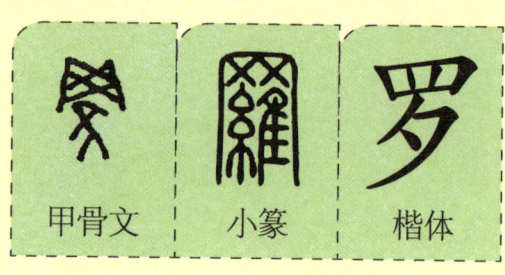

| 甲骨文 | 小篆 | 楷体 |

罗，会意字。甲骨文字形的上部是一个"网"，网下是一只"鸟"，鸟被网扣住，有翅难飞。所以，"罗"的本义就是指捕鸟的网。篆文的网中除了鸟外，还增加了"糸"，这就表示网是用丝织成的。最后，汉字简化，就演变成我们今天看到的"罗"字了。

汉字故事

mén kě luó què
门可罗雀

西汉著名的史学家、文学家司马迁，曾经为汉武帝手下的两位大臣合写了一篇传记，一位是汲(jí)黯(àn)，另一位是郑庄。传记中说：

汲黯，字长孺(rú)，是濮(pú)阳人。景帝时，他曾任"太子洗马"；武帝时，他曾做过"东海太守"，后来又任"主爵都尉"。郑庄是陈人。景帝时，他曾经担任"太子舍人"，武帝时，他又担任"大农令"。这两位大臣都为官清正，刚直不阿，曾位列九卿，声名显赫，权势高，威望重，上他们家拜访的人络绎不绝，出出进进，十分热闹，谁都以能与他们结交为荣。可是，由于他们太刚直了，汉武帝后来撤了他们的职。他们丢了官，失去了权势，就再也没人去拜访他们了。

一天清晨，汲黯打扫庭院。中午，他打开大门，总见门前许多麻雀在寻觅食物，在那里嬉戏跳跃。他感慨地说："从前我当官，宾客盈门，现在不当官，我可以张网捉鸟了。"

后来人们就用"门可罗雀"来形容宾客稀少，十分冷落。

知识密码

爱新觉罗——

爱新觉罗，是清朝皇室姓氏。"爱新"是满语"金"的意思；"觉罗"是姓氏，是以努尔哈赤祖先最初居住的地方"觉罗"（今黑龙江省依兰一带）作为姓氏。

43 双

字里乾坤

趣话汉字

小篆　楷体

　　双，会意字。篆文的上部是嘴巴朝左的一对鸟，在鸟的下面有一只右手。所以，一只手捉住了两只鸟，就叫作"双"。楷书繁体"雙"继承篆文字形，变化不大。后来，为了书写方便，就将"雙"简化成只有四笔的"双"，仍表示一对、两个的意思。

汉字故事

一箭双雕 (yī jiàn shuāng diāo)

长孙晟(shèng)，字季晟，是南北朝时洛阳人。他很聪敏，又有军事方面的学识和本领，特别善于射箭。

北周的皇帝为了安定北方的突厥人，决定把一位公主嫁给突厥国王摄图，派长孙晟率领一批将士护送公主前往突厥。突厥国王摄图大摆酒宴，宴请长孙晟。酒过三巡，要比武助兴。突厥国王命人拿来一张硬弓，要长孙晟射百步以外的铜钱。只听得"格勒勒"一声，硬弓被拉成弯月，一支利箭"嗖"的一声射进了铜钱的小方孔。

从此，摄图对长孙晟非常敬重，留他在突厥住了一年，并经常让他陪着自己一块儿去打猎。有一次，他俩正在打猎，摄图猛抬起头，看见天空中有两只大雕在争夺一块肉。他忙送给长孙晟两支箭，说："能把这两只雕射下来吗？"

"一支箭就够了！"长孙晟边说边接过箭，策马驰去。他搭上箭，拉开弓，对准两只打得难分难解的大雕。只听"嗖"的一声，两只大雕便串在一起掉落下来了。

后来，人们便用"一箭双雕"来比喻做一件事却可以达到两个目的。

知识密码

四双八拜——

也叫"四起八拜"，是古代的婚礼仪式，即拜天地、拜祖宗、拜高堂、夫妻对拜。

44 集

字里乾坤

趣话汉字

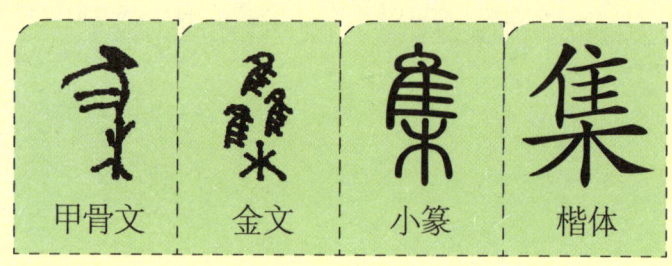

| 甲骨文 | 金文 | 小篆 | 楷体 |

集，会意字。甲骨文字形的上部是一只鸟，下部是一棵树，表示鸟在枝头的样子。由此可见，"鸟集于枝头"就是"集"。金文继承甲骨字形，有时为了突出聚集之意，上部变成了三只鸟。后来，为了书写方便，上面的鸟减成了一只，演变成我们今天看到的样子。

汉字故事

集思广益
jí sī guǎng yì

三国时，刘备死后，刘禅继位。丞相诸葛亮处理、决定蜀国的大小政事，成了蜀国政权的实际主持者。他在人们的心目中有很高的威望，但他并不因此居功自傲，常常注意听取部下的意见。

当时丞相府里负责文书事务的主簿官对诸葛亮亲自过问每一件事的做法提出了建议，他说："处理国家军政大事，上下之间分工应该不同。"他还举出历史上一些著名的例子，劝诸葛亮不必亲自处理一切文书，少过问一些琐碎的小事，对下属应该有所分工，自己应主抓军政大事。

诸葛亮对于主簿官的劝告和关心很是感激，但他怕有负刘备所托，仍然亲自处理大小事务。后来主簿官病死，诸葛亮非常难过，哀悼不已。为了鼓励下属踊跃参与政事，诸葛亮特地写了一篇文告，号召文武百官、朝廷内外主动积极地发表政见，反复争议。他在文中写道："丞相府里让大家都来参与议论国家大事，是为了集中众人的智慧和意见，广泛地听取各方面有益的建议，从而取得更好的效果。"

这就是"集思广益"的出处。

知识密码

经史子集——

经：经书，指儒家经典著作；史：史书；子：诸子百家著作；集：历代作家的文集。经史子集泛指我国古代典籍。

45. 噪

字里乾坤

zào

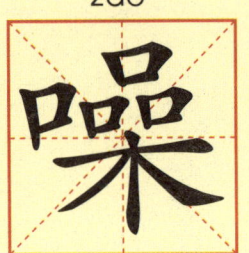

趣话汉字

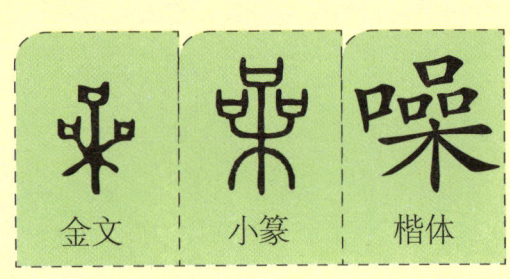

| 金文 | 小篆 | 楷体 |

噪，会意字。金文中有一棵树，树上有三个"口"，表示群鸟在枝头鸣叫。篆文继承金文字形，只是到了楷书，又在左边增加了一个"口"，就变成我们今天看到的字形。鸟叫就是"噪"，是喧哗的，这就是"噪音"一词的来源。

汉字故事

名声大噪的杏花村

清明时节雨纷纷，路上行人欲断魂。
借问酒家何处有？牧童遥指杏花村。

这是晚唐著名诗人杜牧路过杏花村时写的七绝——《清明》，它脍炙人口，历来受人称道。因为一首诗而使一个地方名声大噪，杏花村算是一个。

杏花村是一座文化名村，风景幽美，杨柳依依，小桥流水，樵(qiáo)歌牧唱，分外诱人。随着杜牧的这首诗，早已闻名遐迩。据说，北宋苏轼贬谪黄州时就曾路经这个地方，意外地见到了隐居于此的友人陈季常。从此，他先后三次来杏花村饮酒赋诗，他撰写的《方山子传》，将此处记入其中，脍炙人口，流传千古。

后来，明清诗人也作过很多吟诵杏花村的诗赋，使得杏花村的名声一直流传至今。据说，清乾隆皇帝还曾御赐巨匾"杏花古刹"在村庙中呢。

知识密码

噪声武器——

利用强噪声杀伤有生力量的非致命武器，主要部件是声响发生器。它发出的声音能从心理上和肉体上对人体造成伤害，引起人脑功能衰退，使人暂时丧失行动能力甚至昏迷。

46 登

字里乾坤

dēng

趣话汉字

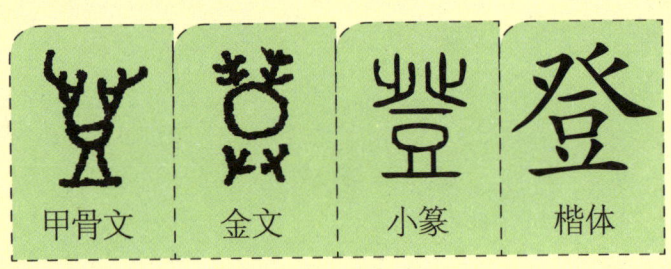

| 甲骨文 | 金文 | 小篆 | 楷体 |

　　登，会意字。甲骨文字形上部有两只脚，表示上升，中间是"豆"，指食器。金文继承甲骨字形，只是在下面加了一双手，表示双手高高举起食器，上前进献食器的样子。到了篆文，留下了上部的双脚，而去掉了下面的双手，字形开始定型。

汉字故事

dēng táng rù shì
登堂入室

春秋时期,孔子作为伟大的思想家和教育家,相传有弟子三千,可说是桃李满天下。他的很多优秀的学生在今后的历史舞台上还扮演了举足轻重的角色。

孔子有一个弟子叫子路,他为人直率,喜欢弹瑟,不爱读书,孔子就开导他。听完老师的教诲,子路决定认真读书,认真弹瑟。子路的瑟弹得非常好,但是声音却充满了杀气。孔子听完后,给予纠正并表扬他:"子路啊,你弹瑟的本领已经登上了厅堂,但是还尚未进入内室。"意思即说他已经有一定成就,但是还没到最高境界。

这就是"登堂入室"的来历,比喻学问由浅入深、循序渐进、达到更高的水平。

知识密码

五子登科——

五子登科本为中国民间谚语,最初来源于民间故事。说的是五代后周时期,燕山府有个叫窦(dòu)禹钧的人,他的五个儿子都品学兼优,先后登科及第,故称"五子登科"。

47 采

字里乾坤

cǎi

趣话汉字

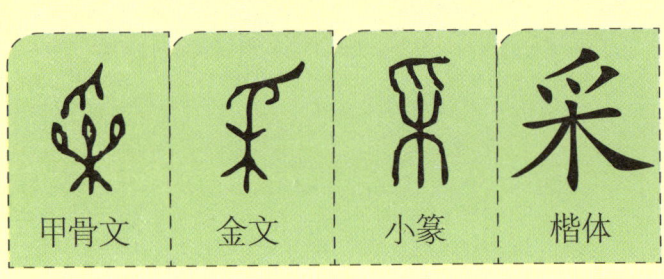

| 甲骨文 | 金文 | 小篆 | 楷体 |

采，会意字。甲骨文上部是一只手，下部是一棵树，树上的小圆圈表示果子，手在果实上就表示采摘。金文继承甲骨字形，只是将果实省略了。篆文继承金文字形，到了楷书，"采"的字形已经定型。

汉字故事

采菊东篱下，悠然见南山

饮酒·其五

结庐在人境，而无车马喧。
问君何能尔？心远地自偏。
采菊东篱下，悠然见南山。
山气日夕佳，飞鸟相与还。
此中有真意，欲辨已忘言。

诗人陶渊明虽然居住在人来人往的环境中，但却没有烦人的应酬，因为他在争名夺利的尘世采取了超脱的态度。诗名既叫《饮酒》，诗人自然是一位微醺的、飘飘然忘乎形骸的人，当他在庭园中随意地采摘菊花，偶然间抬起头来，目光恰与南山相会，人闲逸而自在，山静穆而高远。似乎有共同的旋律从人心和山峰中一起奏出，融为一支轻盈的乐曲。旁无杂念，只和大自然息息相通；心无它求，只和大自然融为一体。这才是生命的真谛，可是想要把它说出来，却已经找不到合适的语言来表达。

知识密码

采邑——

古代的国君赏赐给卿大夫的田邑，也叫"采地""封邑""食邑"。接受赏赐的人对采邑中的百姓有管辖权，并征收租税。初为终身占有，后变为世袭。中国盛行于周朝，西欧于中世纪时实行。

48 利

字里乾坤

趣话汉字

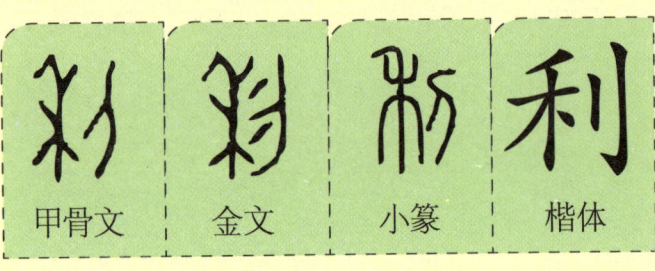

| 甲骨文 | 金文 | 小篆 | 楷体 |

利，会意字。甲骨文左边是成熟了的庄稼，穗子向左边下垂；右边是一把刀，就是用刀割庄稼，说明刀的锋利。金文继承甲骨字形，篆文继承金文字形，仅把金文中的两个点去掉，字形更加规整，并开始定型。除了锋利的意思，"利"还有干净利落的意思。

汉字故事

利剑斩乱麻——一刀两断
（lì jiàn zhǎn luàn má —— yī dāo liǎng duàn）

　　古时候有个小伙子聪明伶俐，和母亲相依为命。有一天，他砍了柴去集市上卖，正巧看见旁边有一个擂台，他便挤过去看热闹。

　　台上站着一位美丽的少女，她正在与一个膀大腰粗的男子在比解死结。两个人各拿了一个用麻绳捆的结。粗一看去没什么奇怪的，细一看就不得了了，这个大结上至少有90个小结。这不是比武招亲，而是比巧招亲呢！

　　没过多久，少女就已经把所有的结解开了，而那位汉子却才解了30多个结。汉子只好垂头丧气地走出了擂场。接着，少女又对大家说道："现在只剩两个结了，如果解不开的话，今天就到此结束了！"

　　小伙子一看，这位少女有着一对水灵灵的眼睛，身材也很苗条。他想道：我也要到结婚的年龄了。于是，他上了擂台。

　　底下响起了热烈的掌声。小伙子上台就问："有没有规则？""有，谁先弄开谁就胜！"听了规则后，小伙子和少女的比赛正式开始。他拿出砍柴的利剑一下就把结给砍断了，因此赢得了这场比赛。

知识密码

利市——

　　书面语是指买卖所得的正当利润。方言指运气好、吉利的意思，即所谓"开门大吉，讨个利市"；另外，办喜庆事时赠给办事人的赏钱也称"利市"。

49 料

字里乾坤

liào

趣话汉字

| 金文 | 小篆 | 楷体 |

料，会意字。金文的左边是米的形象，右边是一个斗，上部的斗口朝左，其中的一小横表示舀进的米，其下的"十"字部分表示长柄。随着字形演变，就变成了左"米"右"斗"的字形了。所以，"料"就是量米的意思，还有计算或统计的意思。

汉字故事

料事如神
liào shì rú shén

相传，诸葛亮在临死前对后代说："我死后，你们中的一个将来会遇到杀身大祸。到那时，你们把房拆了，在墙里面有一个纸包，纸包里有补救的办法。"

诸葛亮死后，司马昭当了皇帝。他得知朝廷中的一员将军是诸葛亮的后代，便想治治他。有一天，司马昭找了个借口，把这个将军定了死罪。在金殿上，司马昭问："你祖父临死前说了些什么？"这个将军就一五一十地把诸葛亮的话说给他听。

司马昭听后，便命令士兵们把房子拆了，在墙里取出纸包。只见纸包里面有封信，上面写着：遇皇而开。士兵们把信递给司马昭，司马昭打开信，只见里面写道：请后退三步。司马昭立即站起身退后三步，他刚站稳，只听"咔嚓"一声响，司马昭上面正对的房顶上，一根玉梁掉了下来，把桌椅砸得粉碎。司马昭吓得出了一身冷汗。他反过来再看信，只见后面写道：我救你一命，请你留我后代一命。

看完这封信，司马昭暗暗佩服诸葛亮的神机妙算。后来，他就把那个将军官复原职了。

知识密码

中国古代布料——

贵族或者皇族用的布料有彩锦，作为财物赏赐或者直接作为货币，比较名贵，还有绫、罗、绢、缎等，其中蜀锦、苏绣等都曾经是皇帝的贡品。至于民间百姓常用的为麻布，棉布等，不是很贵重。

50 败

字里乾坤

bài

趣话汉字

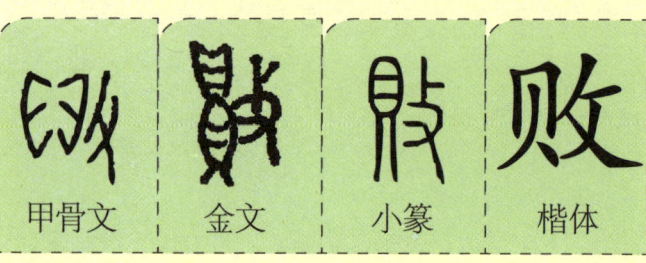

| 甲骨文 | 金文 | 小篆 | 楷体 |

败，会意字。甲骨文的左边是张开的两扇贝，其右是一只手拿了一条木棍之类的东西要打坏贝，这就是所谓的"败"，表示毁坏。金文继承甲骨字形，只是左边的一只贝变成了两只。到了篆文和楷书，金文的两只贝被去掉了一只。汉字简化后，左边的"貝"又被简化成了"贝"。

汉字故事

骄兵必败 (jiāo bīng bì bài)

汉朝的军队经常在周边地区和匈奴的军队发生战争。在公元前68年，两军又发生了一次战争。汉军夺了车师，匈奴也派骑兵袭击车师。

听到这个消息，汉宣帝赶忙召集群臣商量对策。在群臣中有两种意见，将军赵充国主张攻打匈奴，使他们不再骚扰西域。而丞相魏丞则不以为然，他对汉宣帝说："近年来，匈奴并没有侵犯我们的边境。我们边境上的老百姓生活困难，怎能为了一个小小的车师去攻打匈奴呢？况且，我们国内还有许多事情要做，不但有天灾还有人祸。官吏需要治理，违法乱纪的事情也在增多。现在摆在眼前的事情不是去攻打匈奴，而是整顿朝政，治理官吏，这才是大事。"

接着，魏丞又指出了攻打匈奴这一主张的错误："如果我们出兵的话，即使是打了胜仗，也会后患无穷。仗着国大人多而出兵攻打别人，炫耀武力，这样的军队就是一支骄横的军队，骄横的军队一定会灭亡的。"汉宣帝认为魏丞说得有道理，便采纳了他的意见。

知识密码

败北——

在古代，称战败为"败北"。"北"是"背"的古文，《说文解字》中说："北，背也，二人相背。"由此，"北"引申为与胸相对的背部。古人说败北，意思就是打不过转背而逃。

51. 孟

字里乾坤

mèng

趣话汉字

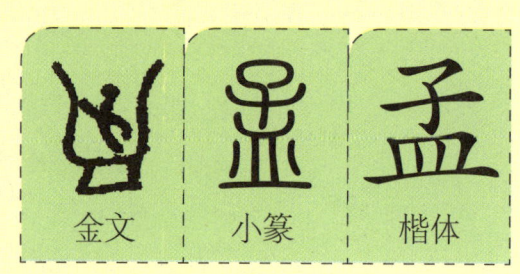

金文　小篆　楷体

孟，会意字。金文字形就像是一个类似浴器的容器中有一个婴儿，表示初生婴儿首先要洗一个"降生澡"。篆文继承金文字形，上部仍然是一个婴儿，只是将下部写成了"皿"。随着演变，逐渐变成上"子"下"皿"的字。孩子生下来首先要洗个澡，"孟"就是首先的意思，后来又引申为排行第一，比如孟春，就是指农历春天的第一个月。

汉字故事

"孟""仲""季"

"孟""仲""季",在古代可以用来表示春、夏、秋、冬四季中的月份。《逸周书·周月》:"凡四时成岁,有春、夏、秋、冬,各有孟、仲、季,以名十有二月。"

"孟",由本义"列为首位"可以引申为表示春、夏、秋、冬四季中各季的头一个月,即农历正月、四月、七月、十月。

"仲",由本义"中"引申为春、夏、秋、冬四季各季三个月中居中的那个月,即农历二月、五月、八月、十一月。

"季",由本义"排行最后"引申为表示春、夏,秋、冬四季各季的最后一个月,即农历三月、六月、九月、十二月。

知识密码

孟婆——

孟婆是中国神话传说中的人物,常住在奈何桥边。她为所有前往投胎的鬼魂提供孟婆汤,以消除鬼魂的记忆。

52 · 尽

字里乾坤

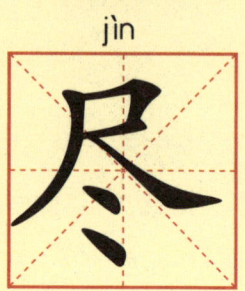

jìn

趣话汉字

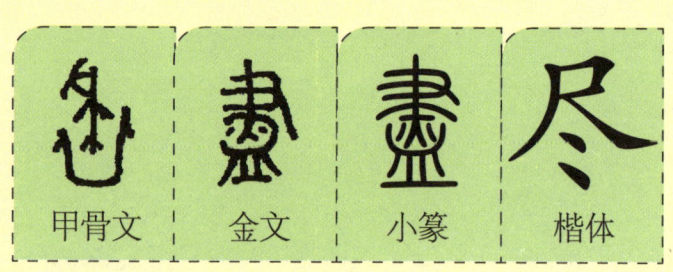

| 甲骨文 | 金文 | 小篆 | 楷体 |

尽，会意字。从甲骨文看，上方是一只手，手中拿一把炊帚，下部是食器，表示刷洗食器的意思。所以，把食器洗干净就是"尽"。随着演变，字形越变越复杂。后来汉字简化，就将复杂的"盡"简化成了笔画简单的"尽"，意义不变。

汉字故事

江郎才尽
jiāng láng cái jìn

　　南朝的江淹年轻的时候就是一个鼎鼎有名的文学家，他的诗和文章在当时获得了极高的评价。可是，当他年纪渐渐大了以后，他的文章没有以前写得好了，退步不少。他的诗写出来平淡无奇，而且提笔吟握好久，依旧写不出一个字来，偶尔灵感来了，诗写出来了，但文句枯涩，内容平淡得一无可取。

　　于是，就有人传说，有一次江淹乘船停在禅灵寺的河边，梦见一个自称叫张景阳的人，向他讨还一匹绸缎，他就从怀中掏出几尺绸缎还他。因此，他的文章以后便不精彩了。

　　又有人传说，有一次江淹在冶亭中睡午觉，梦见一个自称郭璞（pú）的人，走到他的身边，向他索笔，对他说："文通兄，我有一支笔在你那儿已经很久了，应该可以还给我了吧！"江淹听了，就顺手从怀里取出一支五色笔来还他。

　　据说，从此以后，江淹就文思枯竭，再也写不出什么好的文章了。

知识密码

鞠躬尽瘁——

　　鞠躬尽瘁，指小心谨慎，贡献出全部力量。出自三国时期蜀汉诸葛亮《出师表》："鞠躬尽瘁，死而后已。"

53 承

字里乾坤

chéng

趣话汉字

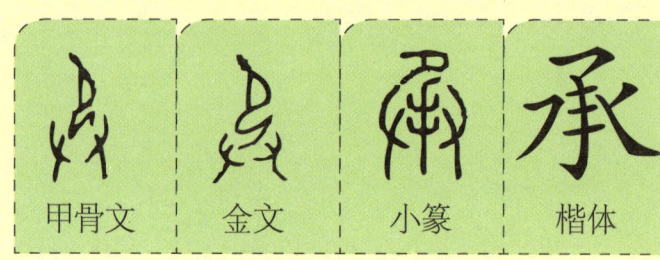

| 甲骨文 | 金文 | 小篆 | 楷体 |

承，会意字。甲骨文的上部是一个面朝左半跪的人，人的下面是两只大手，表示"捧"的意思。金文继承甲骨字形，篆文有所变化，下部两只手变成了三只手。最后，楷书将字形规范化，原来的形貌完全看不出了。所以，"承"就是捧的意思，比如奉承，就是用好话来捧人。

汉字故事

奉令承教 (fèng lìng chéng jiào)

战国时期,诸侯征战,燕昭王重用大将乐毅,让他率军攻打齐国。他占领了齐国的70多座城池,将齐军围困住。

这一围竟长达5年之久。后来,燕昭王去世了,燕惠王上台,齐国使出了反间计,燕惠王对乐毅起了疑心,于是改派大将骑劫去代替乐毅。

乐毅见此情形,没有回国,而是直接逃到了赵国。后来燕国兵败,燕惠王又派人去请乐毅回来。乐毅却说:"我奉令承教,完全按照上面的命令行事,现在已经完成了使命,不打算回去了。"

知识密码

吴承恩——

我国明代杰出的小说家,古典四大名著之一《西游记》的作者。《西游记》以唐代玄奘法师赴天竺学习佛教的经历为蓝本,在《大唐西域记》《大唐慈恩寺三藏法师传》等作品的基础上写定。

54 · 印

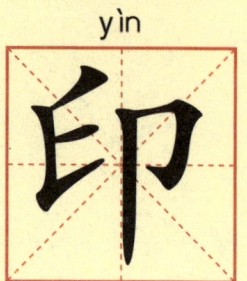

字里乾坤

yìn

印

趣话汉字

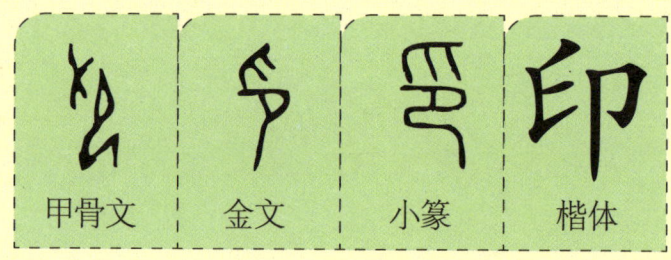

| 甲骨文 | 金文 | 小篆 | 楷体 |

印,会意字。甲骨文的左上方是一只大手,右边是面朝左半跪的一个人,意思是用手压服一个人。金文和篆文继承甲骨字形,上面的大手将下面的人都按得弯腰曲背。后来,楷书将原来的上下结构变成了左右结构,也就是现在看到的字形了。"印"就是"按",由"按"又引申为被按的图章。

汉字故事

飞鸿印雪
fēi hóng yìn xuě

宋朝时期的苏轼是盛名非常的大词人，为人潇洒大方，恣意不拘，总是有佳句脱口而出。

有一次，他与自己的弟弟苏辙在渑(miǎn)池的一座寺院里住了一段时间，与寺院的老和尚关系很好，并常常在寺内的墙上题诗。后来，苏轼故地重游，而老和尚已经去世，只留下了一座藏骨灰的新塔，当年题过诗的破壁也无法和弟弟一同再看了。看着身边似曾相识的一切，苏轼不禁感慨良多，作了《和子由渑池怀旧》这首诗：

人生到处知何似，应似飞鸿踏雪泥。
泥上偶然留指爪，鸿飞那复计东西。
老僧已死成新塔，坏壁无由见旧题。
往日崎岖还记否，路长人困蹇驴嘶。

在苏轼眼中，人生在世，无非就是到这里，又到那里，然后偶然留下一些痕迹，就像随处乱飞的鸿鹄，偶然在某处的雪地上落一落脚一样。

知识密码

印章——

印章，是用作印于文件上表示鉴定或签署的文具。一般印章都会先沾上颜料再印上，不沾颜料、印上平面后会呈现凹凸的称为钢印。有些是印于蜡或火漆上的蜡印，用于信封封口。

55. 闪

字里乾坤

趣话汉字

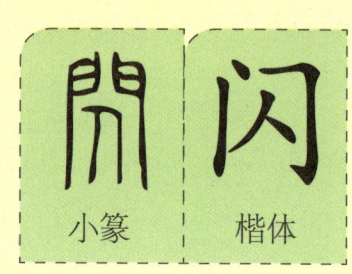

闪，会意字。篆文的外部是一扇门，中间有一个人，表示有人把头伸进门内偷看。隶书和楷书都继承篆文字形，字体变化不大。后来，汉字简化，将外部的"门"简化成三笔，就是我们现在看到的样子了。从门内偷看，一定是快速的，所以"闪"还有迅速的意思，如"闪出一道黑影"。

汉字故事

东闪西躲
dōng shǎn xī duǒ

宋江在担任梁山泊主帅后，得知卢俊义出身富豪，江湖名声远扬，又是位好汉，并且武艺高强，为壮大梁山声势，想要将他请上梁山。于是，他便派军师吴用与李逵假装算命先生与哑道童混入卢府为其算命。吴用设计让卢俊义自己写下一首藏头反诗："芦花丛里一扁舟，俊杰俄从此地游。义士若能知此理，反躬逃难可无忧。"

卢俊义带着李固等人前往泰安州经商以逃避灾祸，在路上高举大旗向梁山泊发起挑战，一路追赶着李逵。李逵没办法，只得东闪西躲，最后将卢俊义骗到了梁山上。

可是，卢俊义并不愿意在梁山落草为寇。宋江、吴用与梁山众兄弟表面上假意挽留，事实上却是在不断拖延时日，软禁了卢俊义两个月，让别人认为他已经落草为寇。宋江与吴用放卢俊义管家李固先回大名府，对他说卢俊义已在梁山泊上坐了第二把交椅，并秘密向其解释卢俊义家中反诗的寓意，让李固去大名府告发卢俊义落草为寇的事情。由于卢俊义对落草为寇一事坚决不从，且不断要求下山，宋江等人才放其下山。后来，下山后的卢俊义经历了被捕杀人后，走投无路，上了梁山。

知识密码

闪电——

闪电是云与云之间、云与地之间或者云体内各部位之间的强烈放电现象。一道闪电的长度可能只有数百米，但最长可达数千米。闪电的温度，从17000℃至28000℃不等。

56 取

字里乾坤

qǔ

取

趣话汉字

甲骨文　金文　小篆　楷体

　　取，会意字。甲骨文的左边是一只耳朵，右边是一只手。"取"的本义就是割取耳朵，古代打仗时，常常用割下被俘者的左耳来表示自己的战绩。金文也是这个意思，只是耳朵的模样不太像，手的形象还在。随着演变，右边的手形最后变成了"又"，左边则写成了"耳"。

汉字故事

杀鸡取卵
（shā jī qǔ luǎn）

从前有个人，他的家里养了一只老母鸡。这只鸡特别能下蛋，可有一段时间，这只鸡老是不下蛋，而且还病歪歪的。

这个人很是奇怪，心里想：这鸡要是不下蛋的话，留着也没什么用，不如杀了算了。这样想着，他真的准备杀鸡了。等他破开鸡肚子后才发现，这只鸡原来是生了胆结石，大大小小的胆结石就像是鸡蛋一样。

杀鸡的时候，正巧邻家的快嘴婆过来串门。她看到后就四处乱说，说这个人太狠了，居然杀鸡取卵，鼠目寸光，把好好的一只能下蛋的老母鸡给杀了。

"杀鸡取卵"这个成语比喻贪图眼前的好处而不顾长远利益。

知识密码

"留取丹心照汗青"的文天祥——

文天祥是宋末爱国诗人，与陆秀夫、张世杰为"宋末三杰"。他官至右丞相，于五坡岭兵败被俘，宁死不降，至元十九年十二月初九，在柴市从容就义。"人生自古谁无死，留取丹心照汗青"是他写下的千古绝唱。

57 服

字里乾坤

fú

服

趣话汉字

| 甲骨文 | 金文 | 小篆 | 楷体 |

服,会意字。甲骨文的中间是跪着的一个面部朝左的人,右边是一只右手,左边是一条船,用手按住一个人的头部,好像是令这个屈服之人上船的意思。随着字形演变,左边的船渐渐变成了"月",右边的人和手变化很大,这就是我们现在看到的"服"字。

汉字故事

七擒孟获——叫他心服口服

三国时期，诸葛亮辅佐着刘备在成都延续汉朝。公元223年，先主刘备病逝，诸葛亮回到成都，扶助刘禅即了帝位。

刘禅即位后，朝廷上的事不论大小，都由诸葛亮来决定。诸葛亮兢兢业业治理国家，想使蜀汉兴盛起来。没料到南中地区（今四川省大渡河以南和云雨、贵州一带）几个郡倒先闹起来了。

公元225年，诸葛亮决定亲自率军平定叛乱，参军马谡(sù)提出平定叛乱要采取"攻心为上，攻城为下；心战为上，兵战为下"的策略。马谡的话，正合诸葛亮的心意，诸葛亮不禁连连点头。当地的酋长孟获不但打仗骁勇，而且在南中地区各族群众中很有威望。诸葛亮决心把孟获争取过来，他下了一道命令，只许活捉孟获，不能伤害他。

孟获本是一个有勇无谋的人，哪里是诸葛亮的对手，结果一次次地被活捉。每次诸葛亮先是劝他，孟获不服，则放了他。像这样又放又捉，直至七次才使他真正服输，不再反叛。诸葛亮的攻心策略，消除了南中少数民族的反叛心理。

打那以后，诸葛亮积蓄财富、训练人马，准备大举北伐。

知识密码

胡服——

胡服是古代诸夏汉人对西方和北方各族胡人所穿的服装的总称，即塞外民族西戎和东胡的服装。他们一般多穿贴身短衣、长裤和革靴，衣身紧窄，活动便利。

58 盟

字里乾坤

méng

盟

趣话汉字

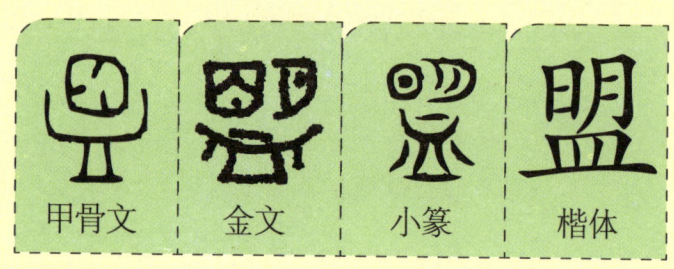

| 甲骨文 | 金文 | 小篆 | 楷体 |

盟，会意字。甲骨文下面是一个器皿，里面像是盛着血。随着演变，字形逐渐变成了上"明"下"皿"的形声字，表示在月亮的见证下结盟。古代结盟的仪式，有一种就叫作"歃血为盟"，需要宰杀牲口，然后饮血结盟，并在"神"前立誓缔约。

汉字故事

车笠之盟
chē lì zhī méng

传说，古代的苏越一带不仅山清水秀，而且民风十分淳朴，人们对人不分身份、贫贱，都平等待之。

如果一个人初次同另一个人交往，觉得对方可以作为朋友，就会封上土坛，然后热情地拿出鸡犬等物作为祭品，向天祷告说："卿虽乘车我戴笠，后日相逢下车揖；我步行，君乘马，他日相逢君当下。"

在当时的苏越之地，富贵人家出行多乘车或骑马，而穷人出行只戴一顶斗笠。所以，这句话的意思就是希望以后双方再次见面时能不分地位变化，不要忘了今日的贫贱之交，这也就是我们所说的"车笠之盟"了。

知识密码

澶 (chán) 渊之盟——

宋真宗景德元年，辽国大军深入宋境。真宗欲迁都南逃，因宰相寇准劝阻，无奈亲至澶州督战。结果宋军大胜，辽提出和约。真宗与辽在澶州订立和约，因澶州又名澶渊，史称"澶渊之盟"。

59. 教

字里乾坤

jiào

教

趣话汉字

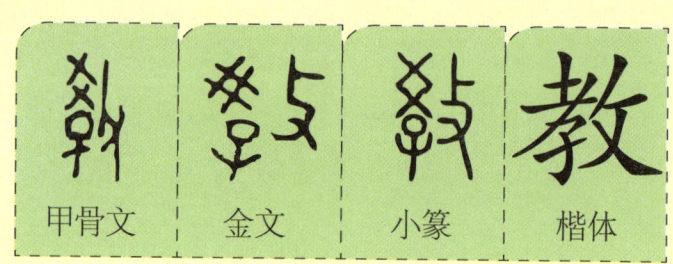

| 甲骨文 | 金文 | 小篆 | 楷体 |

教，会意字。甲骨文的右边是一只手，手上拿了一条教鞭，左下方是个"子"，"子"上的两个叉是被教鞭抽打的象征符号。金文继承甲骨字形，只不过"子"上的部分不同而已，篆文又恢复了甲骨文的形貌，并逐渐形成今天看到的"教"字。

汉字故事

孺子可教
rú zǐ kě jiào

张良是西汉初期著名的谋士，因为行刺秦始皇未遂，逃到下邳(pī)隐匿。有一天，张良在下邳附近的圯(yí)水桥上遇到一个老人。那老人的一只鞋掉在桥下，看到张良走来，便叫道："喂！小伙子！你替我去把鞋捡起来！"张良心中虽不痛快，但还是把鞋捡了起来。那老人又对张良说："来！给我穿上！"张良又替老人穿上鞋。老人站起身，笑着走了。走出老远后，老人又返身回来，说："孺子可教。五天后到桥上来见我。"张良听了，连忙答应。

五天后，张良赶到桥上。老人已先到了，生气地说："跟老人约会，应该早点来。再过五天来见我！"五天后，张良听见鸡叫就赶到桥上，不料老人又先到了。老人说："你又比我晚到，过五天再来。"又过了五天，张良刚过半夜就到桥上等候。天蒙蒙亮时，老人才走上桥来。老人这才高兴了，拿出一部《太公兵法》交给张良，说："你要下苦功钻研这部书。钻研透了，以后可以做帝王的老师。"张良对老人表示感谢，老人扬长而去。

后来，张良研读《太公兵法》很有成效，为刘邦建立汉朝立下了汗马功劳。人们就用"孺子可教"来赞扬年轻人有培养前途。

知识密码

三教——

首先是儒教和道教，它们是中国本土教派。东汉初年，佛教传入中国。公元573年，北周武帝作出了"儒教在先，道教次之，佛教在后"的结论。从此，后人说三教通常即为儒、道、佛。

60 束

字里乾坤

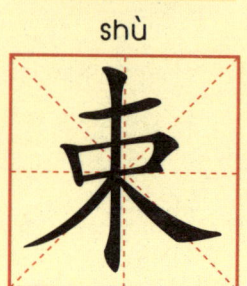

shù

趣话汉字

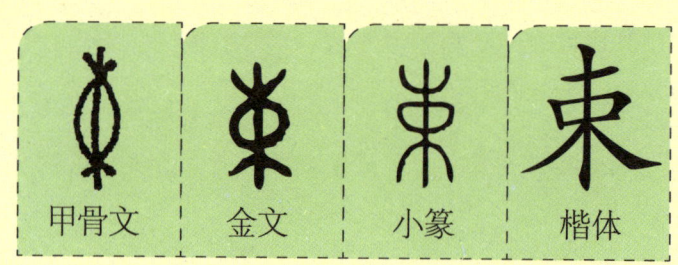

| 甲骨文 | 金文 | 小篆 | 楷体 |

束，会意字。甲骨文外部的圆圈是绳索之类的东西，中间有木柴，也就是用绳索捆绑木柴的意思。金文继承甲骨字形。到了篆文，则变成了绳圈在内、木柴在外的形态，字形开始定型。生活中我们常听到"管束"这个词，其实就是约束、限制的意思。

汉字故事

束之高阁
shù zhī gāo gé

庾(yǔ)翼是东晋人,他从小就有过人的才智和远大的志向,在作战中屡立奇功,被封为都亭侯,官至征西将军。

与他同时代的殷浩也很有才能,而且非常长于高谈阔论。他在20岁的时候,就已经出了名,后来做了扬州的刺史,不久又调任建武将军,都督扬、豫、徐、兖、青五州的军事。但是,在讨伐许昌和洛阳敌人的战役中,他却屡打败仗,从而被革了职。

后来,有人向庾翼建议,让殷浩重新出来做官。庾翼对此却不以为然,他认为殷浩是一个徒有虚名的清谈家,只会高谈阔论,而没有真才实干,于是带着鄙夷的神情说:"他呀,就像是一个无用之物一样,只好把他捆起来放到高楼上去,等到天下太平后,再来考虑任用他吧。"

束之高阁指把东西捆起来,放在高高的架子上,比喻扔在一边,不去用它或管它。

知识密码

束发——

清朝以前汉族男孩成童时束发为髻(jì),因此也用为指代成童。束发一般在男子十五岁左右,这时应该学会各种技艺。

61. 尘

字里乾坤

chén

趣话汉字

| 甲骨文 | 小篆 | 楷体 |

尘，会意字。甲骨文的形体上部是一只飞快奔跑中的鹿，下面部分表示扬起的尘土。所以，"尘"就是指鹿群快蹄之下溅起的飞扬土灰。随着字形演变，上部变成了"鹿"，下部写成"土"。后来汉字简化，"鹿"消失，从"小"从"土"，表示小土即尘，强调埃土颗粒极小。

汉字故事

望尘莫及 (wàng chén mò jí)

东汉时期有一个官员，他叫赵咨。赵咨为官清廉，在当地的老百姓中威信很高，人们都很尊敬他。后来，赵咨看明白了官场的黑暗，决定辞官回乡。朋友听到他要辞官回乡的消息，都纷纷劝他，可谁也挽留不住。

由于赵咨是个人才，因此朝廷多次派人劝他再次出来做官。赵咨开始极力婉言拒绝，但还是经不住别人的再三推荐，不得已应召出来，担任东海相。赵咨的再次出山，让很多人高兴，这其中就包括曹暠(hào)。赵咨任敦煌太守时，曾推荐曹暠为孝廉，为此曹暠非常感激赵咨。

赵咨赴任的时候，路经荥阳，当时的县令正是曹暠。曹暠听说赵咨要路过他那里，非常高兴，一大早就到郊外去迎接。终于，赵咨的车到了。曹暠很激动，大步向前迎了上去。不料，赵咨根本不停车，继续往前赶路。曹暠一看，大叫："赵大人，我是曹暠，请留一下！"但是，赵咨好像没听到一样，车子继续向前。这下可急坏了曹暠，他赶忙向前追赶。可是曹暠只能见到车马扬起的尘土，根本追不上他。

"望尘莫及"原意是远望着前行者车马所扬起的灰尘，就是追赶不上。后来，人们就用它来比喻别人进步快，自己远远落后，怎么努力也赶不上的意思。

知识密码

沙尘暴——

沙尘暴是沙暴和尘暴两者兼有的总称，是指强风把地面大量的沙尘物质吹起并卷入空中，使空气特别混浊，水平能见度小于1000米的天气现象。

62. 臭

字里乾坤

趣话汉字

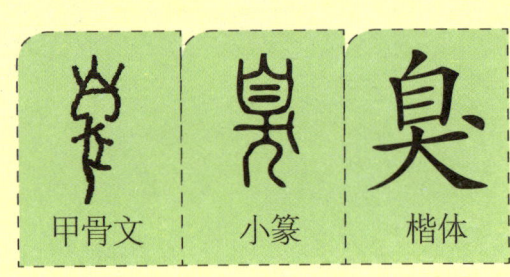

| 甲骨文 | 小篆 | 楷体 |

臭，会意字。甲骨文上部是个大鼻子的形象，下边是一只头朝上、腿朝右、尾朝下的犬。古人懂得狗的嗅觉最灵敏，所以就用鼻子和犬来表示嗅味的意思。篆文继承甲骨字形，上部是"自"，下部是"犬"，字形已经基本确定。

汉字故事

遗臭万年 (yí chòu wàn nián)

东晋时期，大司马桓温专揽朝政，他南征北战，灭掉成汉，三次北伐，收复了洛阳，声名大振。

晚年的时候，桓温自负才能过人，又心怀异志，因此发动北伐，希望先建立功勋，然后回朝受九锡以图篡位。但因第三次北伐失败，声名和实力大减，图谋不成。公元371年，朝廷进封桓温为丞相，留其在京师辅政。桓温推辞不接受，并返回姑孰。372年，朝廷遣侍中王坦之征召桓温入朝辅政，并增其食邑万户，桓温再一次推辞。同年，简文帝病重，急召桓温回朝，桓温仍推辞不肯入京。不久，简文帝驾崩，遗诏命桓温辅政。桓温原本希望简文帝会将帝位禅让给自己，或让自己仿效周公摄政，因而大失所望，十分怨愤。

有一次，恒温躺在床上，对身边的人说："人生在世不能默默无闻啊。"亲信们都不敢吭声，他从床上坐起，接着说："一个人既然不能流芳百世，那么就该遗臭万年。"然而，这个野心勃勃的人终究到死都没当上皇帝。

403年，桓温幼子桓玄称帝，追尊桓温为宣武皇帝。墓为永崇陵。

知识密码

臭氧层——

臭氧层是指大气层的平流层中臭氧浓度相对较高的部分，其主要作用是吸收短波紫外线。自然界中的臭氧层大多分布在离地20～50千米的高空，臭氧层中的臭氧主要是紫外线制造的。

63 牧

字里乾坤

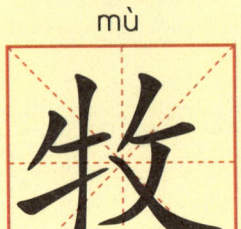

趣话汉字

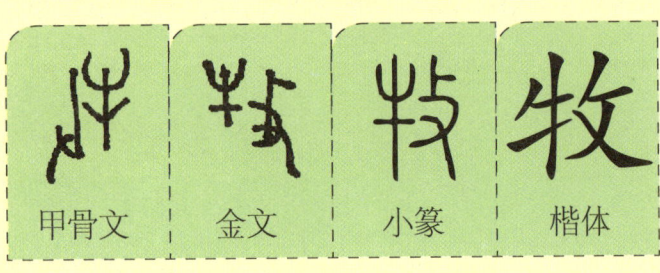

| 甲骨文 | 金文 | 小篆 | 楷体 |

牧，会意字。甲骨文字形的左边是一只手拿着鞭子，右边是迎面看的牛头的形象。这就是拿鞭子赶牛，表示放牧的意思。金文继承甲骨字形，只是左边是"牛"，右边是手拿鞭子的形象。篆文继承金文字形，楷书字形定型，只是左边已不像"牛"，右边也看不到手拿鞭子的模样了。

汉字故事

苏武牧羊

西汉时期,汉朝和匈奴常常发生战争。有一年,汉武帝派苏武出使匈奴,还亲自把一支旌节交给他。

苏武与随从们来到匈奴,完成了外交任务后准备回国。谁知,匈奴单于突然翻了脸,硬说苏武参与匈奴内乱,要他认罪。苏武手握旌(jīng)节,气愤地说:"我是代表国家的,宁死也不能受侮辱!"说着抽刀自尽。顿时鲜血直流,幸好被人救下。

匈奴单于觉得苏武是个有气节的好汉,很敬佩他,就派早已投降的汉使卫律去劝降,苏武就是不从。为了使苏武屈服,匈奴单于又生一计。一天,他召见苏武,指着一群羊冷笑说:"这群羊归你放牧。哪天生出小羊羔,就哪天放你回国。"说完派人把苏武押到千里之外的北海边去牧羊。苏武查点羊群,却全是公羊。

北海边野草遍地,没有人烟。苏武顽强地忍受着各种折磨,就这样过了整整19年。后来,经汉朝多次交涉,匈奴单于终于答应放苏武回国。苏武出使的时候,刚刚40岁,这时已是满头白发的老人了。

知识密码

"牧"也是个官职——

"牧"是管理人民之意。传说舜时置天下为十二州,设立州牧,牧在这里是管理的意思,也就是各个州的行政长官,后来被都督、总管、节度使等名称代替。

64 事

字里乾坤

shì

趣话汉字

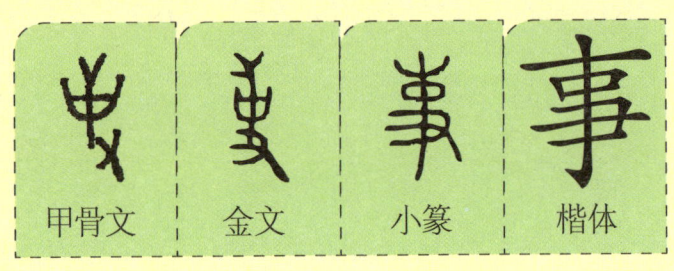

| 甲骨文 | 金文 | 小篆 | 楷体 |

事，会意字。甲骨文的左上边是一个捕捉禽兽的长柄网，其右下角是一只右手，表示手执捕猎的工具去田猎，这就叫"事"，后引申为不管做什么事情都叫"事"。金文字形的长柄网在上面，手在下面。篆文继承金文，只是右手所拿的工具手柄很长。最后，到了楷书，字形开始定型，更加美观。

汉字故事

东窗事发
dōng chuāng shì fā

秦桧想杀岳飞，在东窗下同妻子王氏商量。王氏说："抓住老虎容易，要想放走再把它抓住就很难了。"于是，秦桧就决定杀掉岳飞。

后来，秦桧在西湖游玩，在船中睡着了，梦中看见一个披着长发的人大声地说："你害国害民，我已经告诉上天，上天要派人来捉拿你了。"秦桧十分害怕，回家后大病一场，不久就死了。

秦桧刚死没几天，他的儿子秦熺(xī)也死了。王氏设起神案，请道士驱鬼，道士呈表给上天，迷蒙中看见秦熺戴着铁枷，就问："太师在什么地方？"秦熺回答说："在鬼城丰都。"道士按秦熺说的话到丰都去，结果看见秦桧、万俟卨都戴着铁板枷，受了很多苦刑。秦桧说："麻烦你传话给我的夫人，东窗密谋杀害岳飞的事情已经暴露。"

后来，人们就用"东窗事发"来指罪行、阴谋败露，也说东窗事犯。

知识密码

红白喜事——

男女结婚是喜事，高寿之人的丧事也叫喜丧，在民间统称为红白喜事。有时也说红白事，泛指婚丧。

65. 埋

字里乾坤

mái

埋

趣话汉字

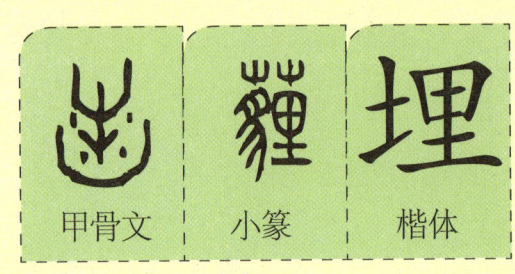

甲骨文　小篆　楷体

埋，会意字。甲骨文下部的曲线表示挖了一个土坑，中间是一个正面的牛头之形，在牛的两侧有四个点，这就表示填的土，意思就是将牛埋在地下。篆文在形体上变化较大，上部是草，下部是"狸"，表示藏在草中就是埋藏之意。最后，到了楷书，左边是土，右边是里，字形开始定型，变得简单。

汉字故事

郭巨埋儿
（guō jù mái ér）

郭巨是晋代人，原本家道还算殷实，物质还算丰厚。可是父亲死后，他把家产分作了两份，给了两个弟弟，自己独自供养母亲，对母亲非常孝顺。

后来，他的家境更加贫困了，常常连饭都吃不饱。他的妻子又生了一个男孩，郭巨心里有了担忧，怕养这个孩子会影响对母亲的供养。于是，他就和妻子商议：现在家里境况一日不如一日，不如埋掉这个儿子算了，还可以节省些粮食供养母亲。儿子以后可以再有，可母亲只有一个，是不能复得的啊。

妻子很不忍心，可是也不敢违抗自己丈夫的命令。于是，郭巨就去挖坑，打算埋掉自己的儿子。挖坑时，他在地下忽然看见一坛黄金，夫妻俩很高兴，因为得到了黄金就能回家孝敬母亲，自己的儿子也不用死了。

知识密码

埋汰——

"埋汰"一词是北方话，一般在东北三省用得最多。"埋汰"有三个意思：一指物品弄脏了，二指非常疲劳的状态，三指情感方面，有讽刺的意思。

66 扶

字里乾坤

fú

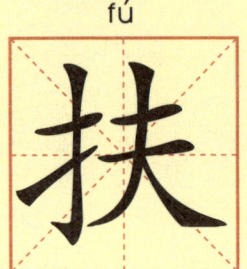

趣话汉字

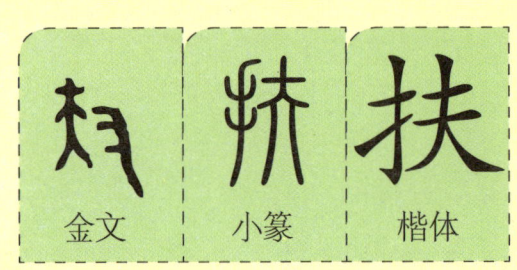

| 金文 | 小篆 | 楷体 |

扶，会意字，金文的左边是一个"夫"，有两臂两腿，最上部的一条横线是头上横插的簪子，右下方是一只大手，表示用手扶人走路的意思。篆文将左边的"夫"移到"手"的右边，并且人形已看不出。最后，随着演变，字形变成了左边是"扌"、右边仍然是"夫"的形象。

汉字故事

救死扶伤 (jiù sǐ fú shāng)

西汉武帝时期，武将李陵率骑兵出击匈奴，不料兵败被俘而投降，武帝非常生气。

史学家司马迁和李陵是好朋友，他向武帝出言求情，却卷入李陵事件的旋涡中，最后被打入大牢，并处以宫刑。

他的朋友任安来信，要他"慎于接物，推贤进士"。不料，任安也因为这件事而下狱当斩。司马迁闻讯便给他写信，叙述自己在面对这样的境况下是怎样忍受痛苦活下来的。他仍然为李陵辩护，说他英勇善战，出击匈奴时如一场旋风，带着几千人的骑兵和单于连战了十多天，使敌人闻风丧胆，所杀的敌人几乎都过半了，匈奴士兵都到了根本无暇救死扶伤的地步。如果不是匈奴集结所有兵力，将李陵的几千人的部队围困住，事情根本不会到这个地步。

这就是"救死扶伤"的成语典故，现在一般形容医务工作者全心全意为人民服务的精神。

知识密码

扶苏公子——

扶苏，嬴姓，名扶苏，又称公子扶苏，是秦始皇长子。他反对实行"焚书坑儒""重法绳之臣"等政策。秦始皇死后，赵高等人伪造诏书，令胡亥即位，逼扶苏自杀。

67 重

字里乾坤

zhòng

趣话汉字

| 金文 | 小篆 | 楷体 |

重，会意字。金文字形的下部是一个类似大口袋的东西，也就是"东"，在其上部加一个面朝左的人形，表示人背的东西极重。到了篆文，又在下部加上一个"土"，变得更复杂了。最后，楷书上面的人形消失，字形开始变得规范美观。

汉字故事

千里送鹅毛，礼轻情意重

唐朝贞观年间，回纥(hé)国是大唐的藩(fān)国。一次，回纥国为了表示对大唐的友好，派特使缅(miǎn)伯高向唐太宗进献白天鹅。缅伯高担心这只白天鹅死了，所以一路上他亲自喂水喂食，一刻也不敢怠慢。

这天，缅伯高来到沔阳河边，只见白天鹅伸长脖子，张着嘴巴，吃力地喘息着，缅伯高心中不忍，便打开笼子，把白天鹅带到水边让它喝了个痛快。谁知白天鹅喝足了水，合颈一扇翅膀，"扑喇喇"一声飞走了！缅伯高向前一扑，只拔下几根羽毛，却没能抓住它，眼睁睁看着它飞得无影无踪。一时间，缅伯高捧着几根雪白的鹅毛，直愣愣站在那里发呆，脑子里来来回回地想着一个问题：怎么办？进贡吗？拿什么去见唐太宗呢？回去吗，又怎敢去见回纥国王呢？思前想后，缅伯高决定继续东行，他拿出一块洁白的绸子，小心翼翼地把鹅毛包好，又在绸子上题了一首诗："天鹅贡唐朝，山重路更遥。沔阳河失宝，回纥情难抛。上奉唐天子，请罪缅伯高，礼轻情意重，千里送鹅毛！"

这便是"千里送鹅毛，礼轻情意重"的故事，现在用它来表示虽然送的礼物不贵重，但情意却很深厚的意思。

知识密码

重于泰山——

司马迁在《报任安书》中写道："人固有一死，或重于泰山，或轻于鸿毛，用之所趋异也。"现在用重于泰山来比喻作用和价值大。

68 塞

字里乾坤

sāi

趣话汉字

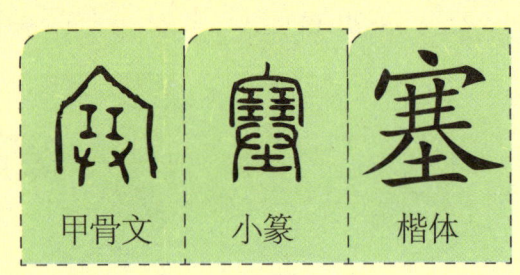

| 甲骨文 | 小篆 | 楷体 |

塞，会意字。甲骨文十分形象，上部是一个房子，中间的两个"工"表示一堆东西，最下部是一双手，也就是用手把一堆东西塞到房子中的意思。到了篆文，又在最下面加了一个"土"，表示把洞塞好后还要用土封好的意思。最后，到了楷书，字形简化，使之更加美观。

汉字故事

塞于天地的浩然之气

孟子的弟子公孙丑问孟子:"请问夫子,您擅长做什么呢?"

孟子说:"我了解言辞,我擅长培养自己的浩然之气。"

公孙丑又问:"请问什么是浩然之气呢?"

孟子说:"这比较难说。作为气呢,它最广大,也最刚强,用正直来培养它,并且不加以损害,它就会充塞在天地之间。但是呢,它需要义和道来配合,没有义与道,它就没有力量了。比方说,一个人如果对自己的行为感到愧疚,就是因为气没有力量了。而气之所以没有力量,就是因为没有与义相配合。要培养气,就要从自己的内心慢慢地积累义,而不能妄想从外边得到它。做一件事时,心中不要忘记这事,不要用外力去助它成长,不要像宋人那样。一个宋国人担心禾苗不长大,就去拔高它,弄得很疲倦地回到家里,告诉家人说:'今天累坏了,我帮助禾苗生长了。'他的儿子跑去一看,禾苗都枯萎了。这样做不仅没有益处,反而有害。"

知识密码

塞井夷灶——

　　填井平灶。表示作好布阵的准备,也表示决心战斗,义无反顾。

69 沙

字里乾坤

趣话汉字

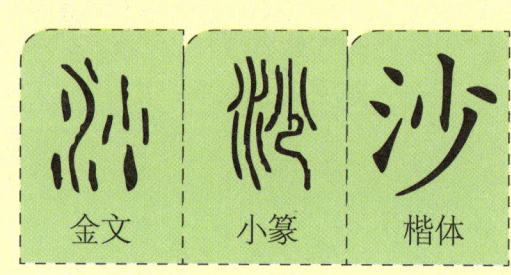

金文　小篆　楷体

　　沙，会意字。金文的左边是弯曲的水形，右边的四小点表示有很多沙粒，所以水边或水底的细小石子就称为沙。篆文继承金文字形，只是将右边的沙子变成了"少"字。最后，到了楷书，左边的"水"变成了三点水，这就是我们今天看到的"沙"字。

汉字故事

含沙射影
hán shā shè yǐng

传说，江淮间有一种很特别的甲虫，它的名字叫作蜮(yù)，又被称作射工、射影、短狐、水狐。

这种虫子，形状很是奇怪，背上长着硬壳，头上有角，它总是口含沙粒射人，或是射人的影子。

它没有眼睛，但听觉特别灵敏，口中有一横物，形状像弩，只要听到人的声音就知道人的所在方向和距离，然后用口中所含的沙当作矢，向人射击。据说，被蜮射中的人，会马上染上一种毒质而生疮。就算人的身体能够躲避，但影子被蜮射中，也会生病。

这就是"含沙射影"一词的典故，用来比喻在背地里害人的阴谋，和其他各种乘他人不备而放暗箭伤人的勾当。

知识密码

沙悟净——

也叫沙僧，是我国古典小说《西游记》中的主要人物。他原是天庭中的卷帘大将，因失手打碎琉璃盏而被贬下凡，盘踞在流沙河，以杀人吃人为业，后成为唐僧徒弟，使用的武器是降妖宝杖。

70 灾

字里乾坤

zāi

趣话汉字

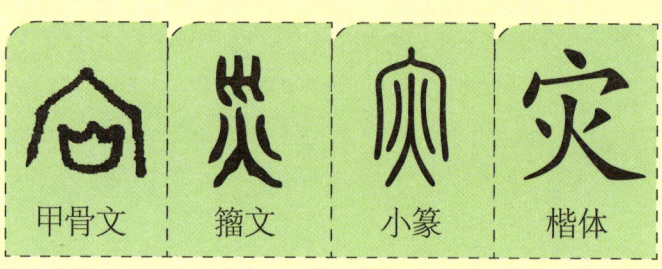

| 甲骨文 | 籀文 | 小篆 | 楷体 |

　　灾，会意字。甲骨文的外部是房屋的样子，内部是一团火，火烧房子就是灾。籀文的上部是川，中间有一横，表示川被堵塞就要决口成灾，下部是火，表示水火无情。到了篆文，字形开始变得复杂。后来，楷书为了书写方便，又变成了下面是火，上面是房子的字形，沿用至今。

汉字故事

无妄之灾
wú wàng zhī zāi

　　战国时期，楚考烈王没有儿子，春申君将很多有生育能力的女子献给他，但终究不能生子。赵国人李园把自己的妹妹献给春申君为妾，后来有了身孕。兄妹俩密商以后，李园的妹妹就教唆春申君将自己献给楚王，说将来若生下男童，那就是春申君的儿子，也就是未来的楚王。

　　春申君认为她说得很有道理，便借机将她献给了楚王，且果然生下个男孩，被立为太子，李园的妹妹立为皇后，李园也因此受到楚王重用而手握大权。

　　后来，考烈王患病。有个叫朱英的人对春申君说，如今楚王病危，太子幼小，楚王一旦去世，李园必然抢先入宫，假托楚王的遗旨，执掌大权，任意专断，杀了你来灭口。

　　春申君觉得李园是一个懦弱的人，所以没有听朱英的告诫。十七天后，考烈王病死，李园果然抢先进宫，埋伏下杀手，待春申君来到时，刺杀了他，并割下他的头扔到宫门外，又杀掉了他的全家。

　　人们常用"无妄之灾"指平白无故受到的灾祸或损害。

知识密码

蝗灾——

　　古代经常发生蝗灾，大量的蝗虫遮天蔽日，所过之处吞食禾田，使农产品完全遭到破坏。蝗虫极喜温暖干燥，蝗灾往往和严重旱灾相伴而生，有所谓"旱极而蝗""久旱必有蝗"的说法。

71. 专

字里乾坤

zhuān

趣话汉字

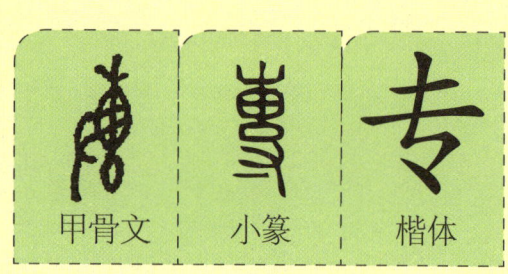

| 甲骨文 | 小篆 | 楷体 |

专，会意字。甲骨文的右边像纺线用的"纺砖"，左边是一只手，转动纺砖而纺线就是"专"。到了篆文，变左右结构为上下结构，手在下，纺砖在上，字形开始定型。后来汉字简化，为了书写方便，字形被简化成四笔。"专"就是纺砖，不过本义已消失，现在多用来表示单独，如专制。

汉字故事

专横跋扈梁将军
zhuān héng bá hù liáng jiāng jūn

东汉大将军梁商的儿子叫梁冀,他肩膀上耸,眼角倒竖,说起话来常常口齿不清。他从小就放荡不羁,整天游手好闲,特别喜欢喝酒、打猎和斗鸡之类的活动。他专横而跋扈,一副纨绔子弟的样子。因为靠着他父亲和皇后妹妹的权势,他的官才越做越大。

后来,梁商死了,汉顺帝就任命梁冀为大将军。接着,顺帝也死了,由他尚在褓襁之中的儿子刘炳继位,史称汉冲帝。

一年后,冲帝又死去了。许多忠贞的大臣主张立年长有德的清河王刘蒜为皇帝,而梁冀为了掌握朝政大权,竟然强行把年仅八岁的刘缵立为皇帝,这就是汉质帝。质帝虽然年纪小,但是却很聪明。他见梁冀非常骄横跋扈,就在召见群臣时当着梁冀的面说了句:"这位就是跋扈将军!"梁冀听了怀恨在心,于是命令手下在汉质帝的汤饼里下毒, 汉质帝就这样被毒死了。

知识密码

君主专制——

指以古代君王为核心的中央集权政治体制,它脱胎于原始社会后期的父权制,皇帝总揽天下大权。宗教祭祀与军事征伐是君主专制的头等大事,即所谓"国之大事,在祀与戎"。

72 尊

字里乾坤

zūn

趣话汉字

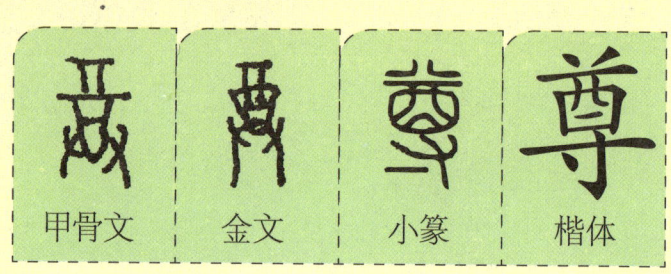

| 甲骨文 | 金文 | 小篆 | 楷体 |

尊，会意字。甲骨文的下部是一双手，上部是一个大酒杯，表示赤诚献酒的意思。金文继承甲骨字形，只是酒器上增添了几道美丽的花纹。篆文在酒器之上又增加了两撇，代表酒器的盖子，下面的手形变成了"寸"。自此，"尊"的字形开始定型。

汉字故事

天上天下，唯我独尊
tiān shàng tiān xià　　wéi wǒ dú zūn

相传，佛祖释迦牟尼是从母亲摩耶夫人的右胁出生的，他一堕地就能立起来，周行七步，步步生莲花。释迦太子遍观四方，一手指天，一手指地，大声说："天上天下，唯我独尊。"

这是佛经上关于释迦太子诞生的传说。释迦牟尼在29岁时痛感人世生老病死的各种苦恼，放弃王族生活，出家修道，经过六年的修行终于得道，创立了佛教。

"天上天下，唯我独尊"原来是佛家语，这里所说的"我"，不能误解为生死轮回中的"妄我"，而是指无所不在、彻底自在的"大我"、"真我"。所以，这句话的意思是说，这个世界上没有什么比保持本我更重要的了，人什么都可以不在乎，唯独不能忘记自己的本心。

然而，这句话现在一般被理解为只有自己最了不起，形容极端自高自大的意思。

知识密码

帝王为什么叫九五之尊——

关于九五之尊，一种简单的说法是：中国古代把数字分为阳数和阴数，奇数为阳，偶数为阴。阳数中九为最高，五居正中，因而以"九"和"五"象征帝王的权威，称为"九五之尊"。

73. 祝

字里乾坤

zhù

祝

趣话汉字

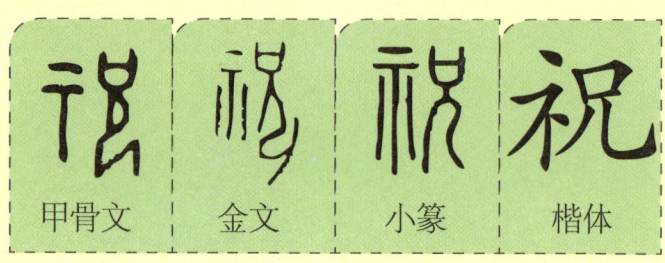

| 甲骨文 | 金文 | 小篆 | 楷体 |

祝，会意字。甲骨文的左边是一个表示神灵的符号，右边是跪着的一个人，面朝左，正在祈祷。金文继承甲骨字形，右边的人伸出双手，身子曲得更厉害，也在祈祷、求福。到了楷书，右边的人形已经看不出来，字形逐渐定型。

汉字故事

祝寿联撷趣

作为礼仪之邦的中国，有着尊老的传统，于是祝寿就必不可少了。

在多种祝寿方式中，以编撰、书写对联祝寿为最俭朴，最高雅，也最具有纪念意义。有的祝寿联别具一格，历来传为佳话。

南宋女词人李清照和金石学家赵明诚，是著名的"诗词夫妻"。相传有一次，他俩参加乌老寿星150岁的寿宴。众人请他们作一副寿联。丈夫赵明诚为了难住妻子，在上下联的开头都设置了极为艰难的关卡：

乌龟方姓乌；老鼠亦称老。

这是一副藏头联，开头藏"乌老"二字，言词却极带贬义，续写者不光要结构上接续对联，还要在意思上来个大转弯，使之变为褒义。

李清照不愧为一代女豪，略一沉吟，便续写了对联。联曰：

乌龟方姓乌，龟寿比日月，年高德亮；
老鼠亦称老，鼠姑兆宝贵，国色天香。
(鼠姑乃牡丹花的别称)

此联借用了龟、鼠等可爱的小动物形象，运用出人意料的手法，对乌老的德行、操守进行了充分的赞颂，给人以意想不到的效果。

知识密码

祝融——

祝融，名重黎，是黄帝后裔高阳氏的玄孙。帝喾(kù)高辛氏时，他受封于有熊氏故墟，葬衡阳市南岳区祝融峰。他以火施教，为民造福，帝喾命名为祝融，后世尊为火神。

74 典

字里乾坤

diǎn

趣话汉字

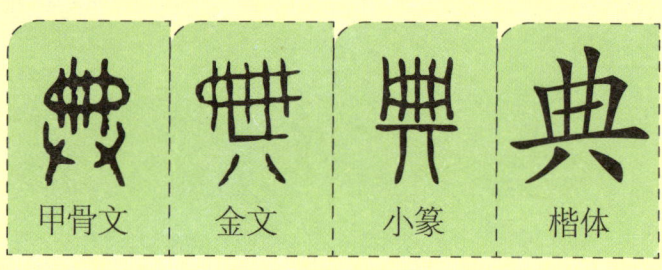

| 甲骨文 | 金文 | 小篆 | 楷体 |

典，会意字。甲骨文的上部是"册"形，下部是左右两只手，双手郑重捧献的册就叫"典"。金文继承甲骨字形，下部的手形消失，变成类似书架的东西了。随着演变，上面的"册"形也消失了，逐渐形成今天看到的"典"字，意义不变。

汉字故事

数典忘祖
shǔ diǎn wàng zǔ

鲁昭公十五年,也就是公元前527年,晋国大夫籍谈奉命出使周王室。

宴席上,觥筹交错,一片欢声笑语。周景王突然看着籍谈,问道:"晋国这次来,为什么没有贡物?"

籍谈答道:"晋国从来没有受过王室的任何赏赐,又怎么会有贡物?"

周景王一听,心里就不高兴,一一列举了王室曾经赐晋器物的旧事。他生气地责问籍谈:"身为晋国司典的后代,怎么忘记了这些旧事呢?"

成语"数典忘祖"即由此而来,谈论历来的制度、事迹时,却把自己祖先的职守都忘了,比喻忘本,也比喻对于本国历史的无知。后来,人们就用"数典忘祖"来比喻忘掉自己本来的情况或事物的本源。

知识密码

《康熙字典》——

《康熙字典》成书于清朝康熙年间,由张玉书及陈廷敬担任主编,参考明代的《字汇》《正字通》两书而成,是一套成书于康熙五十五年的详细汉语字典。

75 宫

字里乾坤

趣话汉字

| 甲骨文 | 金文 | 小篆 | 楷体 |

宫，会意字。甲骨文的外形就像一座房子，内部的两个"口"形，表示内部有几个房间的意思。从金文到楷体，"宫"的字形变化不大，只是里面的两个"口"变大，字形看起来更加美观和规范。"宫"一开始指"室"，后来专用为帝王的皇宫、宫殿，还可当宫人讲。

汉字故事

蟾宫折桂
（chán gōng zhé guì）

据说晋武帝泰始年间，吏部尚书崔洪举荐郤(xì)诜(shēn)当左丞相。后来，郤诜当了雍州刺史，晋武帝问他的自我评价，他说："我就像月宫里的一段桂枝，昆仑山上的一块宝玉。"晋武帝大笑并嘉许他。

蟾宫即月宫，也就是月亮的宫殿。用广寒宫中一枝桂、昆仑山上一片玉来形容特别出众的人才，这便是"蟾宫折桂"的出处。

唐代以后，科举制度盛行，蟾宫折桂便用来比喻考中进士。围绕蟾宫折桂，不少地方还有这样的习俗：每当考试之年，应试者及其家属亲友都用桂花、米粉蒸成糕，称为广寒糕，相互赠送，取广寒高中之意。唐代大诗人白居易先考中进士，他的堂弟白敏中后来中了第三名，白居易就写诗祝贺说："折桂一枝先许我，穿杨三叶尽惊人。"

知识小密码

消失的大明宫——

大明宫是大唐帝国的宫殿，位于唐京师长安北侧的龙首原，始建于634年，原名永安宫，是唐长安城的三座主要宫殿（大明宫、太极宫、兴庆宫）中规模最大的一座，称为"东内"。

tóng	zhōu	gòng	jì
同	舟	共	济
同	舟	共	济

tóng	zhōu	gòng	jì
同	舟	共	济
同	舟	共	济

 步

wǔ　shí　bù　xiào　bǎi　bù
五　十　步　笑　百　步
五　十　步　笑　百　步

zhì	dà	guó	ruò	pēng	xiǎo	xiān
治	大	国	若	烹	小	鲜
治	大	国	若	烹	小	鲜

日 明

míng	jìng	gāo	xuán
明	镜	高	悬

míng	jìng	gāo	xuán
明	镜	高	悬

雪

náng	yíng	yìng	xuě
囊	莹	映	雪
囊	莹	映	雪

náng	yíng	yìng	xuě
囊	莹	映	雪
囊	莹	映	雪

 香

shū	xiāng	mén	dì
书	香	门	第
书	香	门	第

shū	xiāng	mén	dì
书	香	门	第
书	香	门	第

bǐng	bǐ	zhí	shū		bǐng	bǐ	zhí	shū
秉	笔	直	书		秉	笔	直	书
秉	笔	直	书		秉	笔	直	书

进

bǎi	chǐ	gān	tóu	gèng	jìn	yī	bù
百	尺	竿	头	更	进	一	步
百	尺	竿	头	更	进	一	步

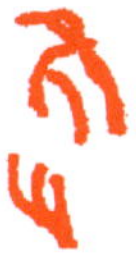

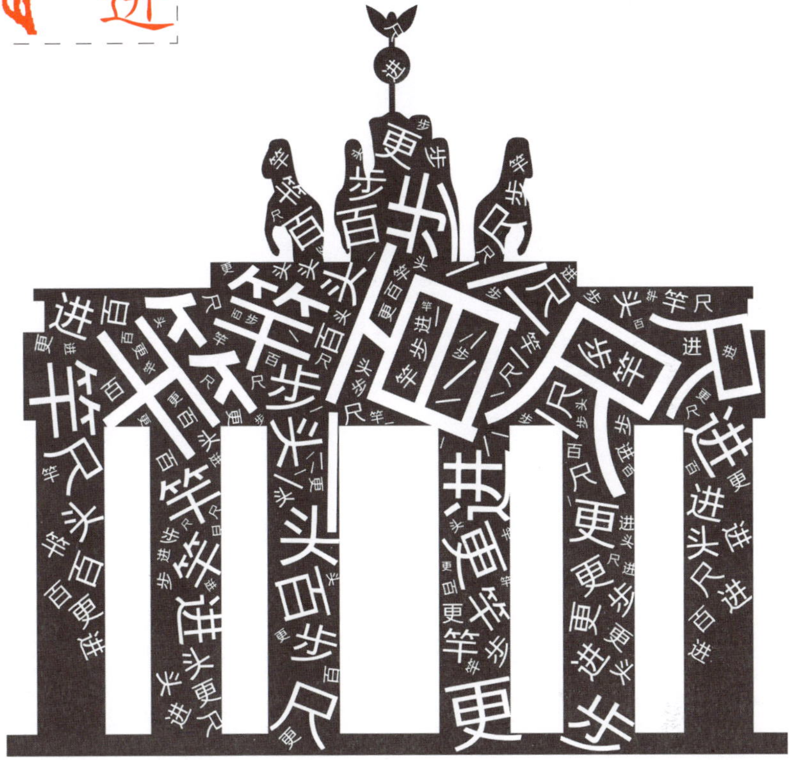

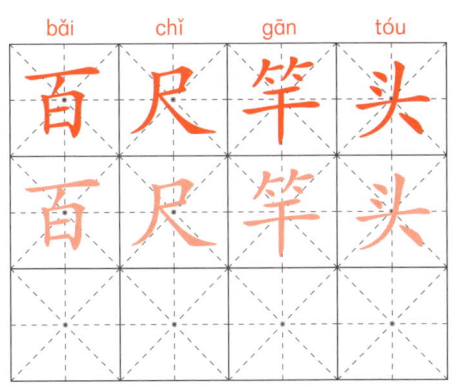

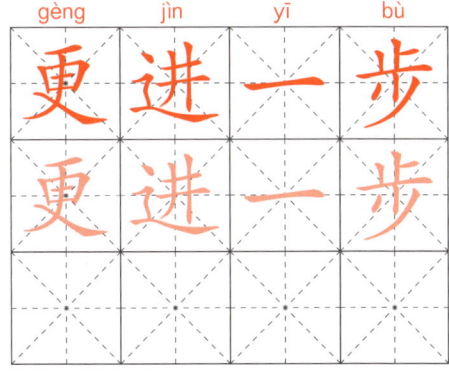

jí	sī	guǎng	yì		jí	sī	guǎng	yì
集	思	广	益		集	思	广	益
集	思	广	益		集	思	广	益

cǎi	jú	dōng	lí	xià
采	菊	东	篱	下
采	菊	东	篱	下

印

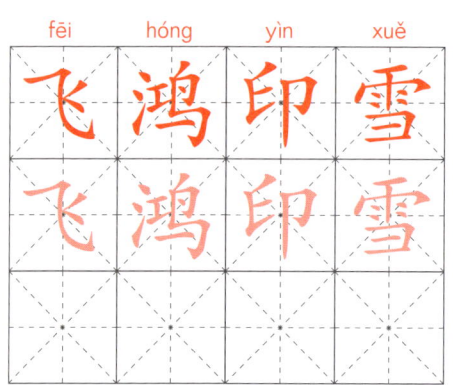

fēi	hóng	yìn	xuě
飞	鸿	印	雪
飞	鸿	印	雪

fēi	hóng	yìn	xuě
飞	鸿	印	雪
飞	鸿	印	雪

rú zǐ kě jiào	rú zǐ kě jiào
孺子可教	孺子可教
孺子可教	孺子可教

lǐ　qīng　qíng　yì　zhòng
礼　轻　情　意　重
礼　轻　情　意　重

chán	gōng	zhé	guì		chán	gōng	zhé	guì
蟾	宫	折	桂		蟾	宫	折	桂
蟾	宫	折	桂		蟾	宫	折	桂

使用说明：

1. 涂色。描红本图像中填充的文字是白色的，可以自由涂色。
2. 描红。描红本中有描红田字格，可以在田字格中描写文字。

涂色大赛：

1. 参加涂色大赛的小朋友，请首先关注我们的公众号。
2. 请在2016年6月1日前将涂好色的图片发至公众号后台，或者发到邮箱 xiaodouyadushu@163.com。
3. 我们将会为收到的作品举办微信投票活动。
4. 收获票数最多的前三名，将会获得我们提供的精美礼品一份。

关注我们的微信
参加涂色大赛吧